Ánimas de día claro

Parecido a la felicidad

El paraíso semiperdido

EL MUNDO DE LAS LETRAS

Alejandro Sieveking

Ánimas de día claro

Parecido a la felicidad

El paraíso semiperdido

EDITORIAL UNIVERSITARIA

ÍNDICE

INSTITUTO DEL TEATRO
Universidad de Chile

XXII TEMPORADA OFICIAL, 1962

"ANIMAS DE DIA CLARO"

Comedia en dos actos de
ALEJANDRO SIEVEKING

REPARTO

Por orden de aparición

Personaje	Intérprete
INDALICIO	Tennyson Ferrada
NANO	Gonzalo Palta
BERTINA	Bélgica Castro
LUZMIRA	Carmen Bunster
FLORIDEMA	Maruja González
PELMIRA	Kerry Keller
ORFILIA	María Cánepa
EULOGIO	Lucho Barahona
OÑA VICENTA	María Valle

Dirección	VICTOR JARA
Escenografía	GUILLERMO NUÑEZ
Iluminación	VICTOR MOURA
Vestuario	SERGIO ZAPATA

Ayudante de Dirección: Luis Peroni — Ayudante de Escenografía: Aroya Chanas — Jefe Técnico: Guillermo Núñez — Maquillaje: Juan Cruz — Jefe de Utileros: Francisco Herrera — Jefe de Maquinistas: Osvaldo Miranda — Jefe de Electricistas: Héctor Brasso — Jefa de Sastrería: Libertad Castro — Realización del vestuario: Lidia Villablanca — Decorados y vestuarios realizados en los talleres del Instituto del Teatro — Dueñas del Afiche y portada del programa: Bravo Bea.

Música y canciones del folklore

Guitarra interpretada por Clemente Izurieta y Víctor Jara

LA OBRA

Ánimas de día claro es una historia sencilla. Una historia de amor. Del verdadero amor. De aquel que surge desde el fondo de la vida y que lo enaltece todo.

Una historia simple. Como la guitarra campesina. Como una figurita pintada de Talagante. Como un camino sin dueño, una flor...

Una historia de nuestro pueblo. De este pueblo que en todas sus manifestaciones, aún en las más trágicas, introduce elementos graciosos y buena diversión. Como el verso popular cantado al niño muerto, que dice:

Qué bonito el angelito
qué glorioso y qué dichoso.
Tan diferente a su padre
y tan parecido al padrino.

Y al otro, cuando se supone que el angelito se despide de su madre, que dice:

Adiós pues madre querida
no llore tanto por Dios
acuérdese del reumatismo
y del mal del corazón.

V. J. M.

Los componentes en la producción de la obra: (de izquierda a derecha) Gonzalo Palta, Luis Peroni, Guillermo Núñez, María Cánepa, Carmen Bunster, María Valle, Sergio Zapata, Kerry Keller, Alejandro Sieveking, Bélgica Castro, Lucho Barahona, Maruja González, Tennyson Ferrada, Víctor Jara.

Realismo y humanidad en la obra de Alejandro Sieveking

Aunque el dramaturgo Alejandro Sieveking (Santiago, 1934) inició su producción a mediados de los años 50 (*Encuentro con las sombras*, obra de teatro aficionado, en 1955, y después *Mi hermano Cristián*, en 1957), es en la década del 60 cuando estrena parte significativa de su trabajo, al igual como muchos de sus compañeros de generación.

Por aquellos años, la abundante marea teatral chilena mostraba interés por revelar sobre el escenario la auténtica condición de los protagonistas, en obras que oscilaban entre el realismo crítico, el estudio social, la preocupación política y el vanguardismo estético. Época de grandes optimismos nacionales, la década del 60 inspiró a los dramaturgos y teatristas para conmover de alguna manera a la sociedad y, si era posible, modificarla. En una publicación de 1966, Sieveking escribía que "puede pensarse que me preocupo mucho del público. Efectivamente es así. No me interesa ser un incomprendido ni pasar a la posteridad; quiero que el espectador actual vea en mis obras temas, problemas, imágenes que toquen de alguna manera su sensibilidad entreteniéndolo y, ojalá, haciéndolo mejor. Quiero mejorar el mundo"[1].

---

[1] "Sobre mi teatro", prólogo del autor a la obra *Mi hermano Cristián*, en la antología *Teatro chileno actual*, Editorial Zig-Zag, Santiago, 1966, página 256.

Con los años, Sieveking se convirtió en uno de los dramaturgos más prolíficos de su generación. Hasta finales de los 80 había estrenado 20 obras, aun cuando su gran producción ocurrió antes de 1973. Después del golpe de Estado de aquel año, se fue a vivir a Costa Rica junto a su esposa, la actriz Bélgica Castro, y durante ese período (hasta 1985, cuando retornó definitivamente al país), escribió poco, como confesó desde allá en una entrevista periodística: "Aquí he escrito poco, en verdad, porque tengo un trabajo práctico muy duro. He escrito sólo dos obras y la gente se escandaliza cuando digo solamente dos, porque les parece que es mucho, pero la verdad es que yo solía escribir dos o tres obras al año"[2].

A pesar de la diversidad formal y de contenidos, la obra de Sieveking nunca ha perdido un elemento básico de realismo, que le es común a casi toda su producción. No obstante aparezcan mitologías del sur, muertos que siguen viviendo en este mundo, casas con puertas clausuradas que ocultan universos esperpénticos e innombrables, su cimiento continúa apegado a una forma más o menos tradicional de representación de la realidad. Según el investigador César Cecchi, "Dijimos que la producción dramática de Sieveking ha comprendido una variada gama de temas y de estilos, a pesar de la reiteración de algunas constantes básicas. Hablamos del realismo como un fundamento común a todas sus obras o a casi todas. Su realismo se presenta en tres formas: realismo sicológico, realismo crítico y realismo poético"[3].

<hr>

[2] Citado en revista *Apsi* Nº 195, "Más allá de los tigres", 23 de marzo de 1987.

[3] "El teatro de Alejandro Sieveking", nota preliminar al volumen que contiene *La remolienda, Tres tristes tigres* y *La mantis religiosa*. Editorial

Aunque toda clasificación dramatúrgica conduce a un cierto incómodo reductivismo, la creación teatral de Sieveking posee al menos dos grandes vertientes: el realismo sicológico con afán de crítica social (muy cercano a Egon Wolff y Sergio Vodanovic, sus compañeros de generación), y la línea folclorista basada en las raíces del estilo popular, la mitología y las leyendas, estilizándolas. *Parecido a la felicidad*, incluida en este volumen, corresponde a la primera tendencia, aunque posiblemente la mejor lograda del conjunto sea *Tres tristes tigres*, estrenada en 1967[4], al punto que se ha convertido en un pequeño clásico del teatro chileno en esta corriente teatral. Allí, tres personajes de clase media, en medio de apreturas económicas y ansias de figuración, intentan sobrevivir gracias a los engaños y las pequeñas estafas, ahogados por su ignorancia y su flojera, desbarrancados dentro de su propio fracaso, el que no carece de elementos humorísticos.

Parecido a la felicidad (1959) es anterior a *Tres tristes tigres* y posee rasgos más ligados al realismo sicológico que al social. En ella, Olga es una joven vendedora que, sin casarse, se ha ido a vivir al departamento de su enamorado, El Gringo, un conductor de autobús, lo que provoca todo tipo de recriminaciones de la madre de aquélla. Este conflicto, característico de cierta sociedad chilena de los 50, hoy es casi impensable por la

---

Universitaria, Santiago, 1974. Este prólogo también está reproducido en el volumen Cuadernos de Teatro N° 9, marzo de 1984, Departamento de Extensión Cultural del Ministerio de Educación, como prólogo a *La remolienda*.

4   Publicada en esta misma colección de Editorial Universitaria en 1994, junto a *Ingenuas palomas* y *La remolienda*.

modificación en las costumbres, aunque un elemento esencial sigue vigente: Olga anhela un "príncipe azul", quiere alcanzar un modelo muy explotado por los medios de comunicación de todas las épocas y que en aquellos años comienza a ser particularmente fuerte. Su enamorado es un hijo de emigrantes, trabajador y honesto, pero no posee todas las características que según el imaginario de Olga debería tener. Así, la muchacha se enamora de Víctor, un amigo de El Gringo, y cuando este último percibe la lejanía de ella, le propone matrimonio, a lo que ella se rehúsa abandonar la casa.

Según la profesora Elena Castedo-Ellerman, en *Parecido a la felicidad* "el conflicto no se concentra en el núcleo familiar, como en *Mi hermano Cristián* y *La madre de los conejos*, sino en el triángulo amoroso. Hay ese 'conflicto de conciencia' que estuvo de moda entre los dramaturgos de principios de siglo, pero Sieveking lo ofrece sin los grandes diálogos y trastornos internos de los personajes. Ellos son representantes de sus clases sociales ('hombres y mujeres simples', como observa Piga), personajes que un público chileno reconoce con facilidad..."[5]. *Parecido a la felicidad* es una obra puertas adentro, a veces de cierto enrarecimiento en su atmósfera, una exploración en las motivaciones sicológicas que conducen a una necesaria libertad personal: primero en la decisión de Olga de "convivir" con su amado, y después de dejarlo, cuando percibe que su enamoramiento no era el que soñaba. "*Parecido a la felicidad* es el intimismo, lo cotidiano, el tono menor, las relaciones profundas y sutiles que acercan y repelen a los seres

---

5   Elena Castedo-Ellerman, *El teatro chileno de mediados del siglo XX*. Editorial Andrés Bello, Santiago, 1982, página 73.

humanos, seres que viven algo que no saben lo que es, algo parecido a la felicidad"[6].

Ánimas de día claro, en cambio, corresponde a la tendencia de un folclore chileno revisitado (Luis Alberto Heiremans y María Asunción Requena son seguramente los más característicos autores chilenos de esta tendencia), y donde Sieveking ha entregado una amplia e interesante producción: *La remolienda* (1965), *El cherube* (1965), *La virgen de la manito cerrada* (1974), *Manuel Leonidas Donaire y las cinco mujeres que lloraban por él* (1984) y *La comadre Lola* (1985), entre otras. La línea folclorista correspondió a un programa estético del autor: "Actualmente me siento entre dos corrientes. La primera, un teatro inspirado en el folclore y que, más que nada, nace de un afán de encontrar raíces absolutamente chilenas y de la necesidad de hacer un teatro popular. Popular en el sentido de que sea captado y que llegue a la mayor cantidad de público posible, haciéndolo volver a los espectáculos teatrales de los cuales ha huido después de ver compañías profesionales sin vitalidad, montajes tontos graves y un par de obras 'vanguardistas' mal representadas"[7].

Un sustrato les es común a estas obras: la mirada de las raíces mitológicas, costumbristas, mágicas o religiosas no está ordenada por un patrón ideológico cuyo afán sea probar una tesis respecto del mundo popular. En rigor, esta dramaturgia toma algunos elementos de ese universo afincado en la memoria colectiva y los recrea con divertimento y humanidad. No hay en estas

---

[6] Domingo Piga, "Teatro chileno del siglo XX, desde el movimiento renovador de la Generación de 1941 hasta 1964", en *Teatro chileno del siglo XX*, de Orlando Rodríguez y Domingo Piga. Publicaciones Escuela de Teatro de la Universidad de Chile, Santiago, 1964.

[7] "Sobre mi teatro", op. cit., página 255.

obras la intención fotográfica de un naturalismo ampli-
ficado, sino el dotar a estos personajes chilenos de las
preocupaciones existenciales propias de los autores de
su generación (búsqueda del absoluto, afán de libertad,
crecimiento personal en el encuentro con el otro, etc.).

En *Ánimas de día claro*, cinco hermanas avecindadas
en el pueblo de Talagante –característico por su artesanía
y leyendas populares– han muerto, pero no han podido
salir de su casa: el descanso eterno le es negado porque
en vida no lograron cumplir con algún deseo que fue
vital en sus existencias, probablemente una ambición
reprimida. La llegada de Eulogio, un joven del pueblo
interesado en comprar la derruida casona, hace que cada
una vaya cumpliendo, azarosamente, ese anhelo escon-
dido, excepto Bertina, la menor. Ella nunca pudo lograr
el beso de un enamorado, porque el lunar en la punta de
su nariz volvía turnios a sus novios probables. Lo logra
con el inesperado visitante, pero ahora ya no desea irse:
se ha enamorado y, en realidad, lo que ella deseaba era
más: el afecto y la ternura, que ahora le sujeta a la tierra.
La pareja promete reunirse, alguna vez, en el Cielo. "De
esta manera, el tierno juego imaginativo, de ingenua
arbitrariedad con que se amasa la fantasía atrapada en la
cerámica pintada de Talagante, adquiere, de pronto, una
trascendencia de alta categoría poética y la aprehensión
del ideal amoroso, eterno, inmóvil y puro, reviste los
atributos que Platón asignó a la Idea absoluta"[8].

Hay aquí una dimensión salvadora del amor, porque
en la obra Bertina es alguien que por primera vez y de
manera inaugural le encuentra sentido a la vida: desde la
muerte renace y se convierte en alguien sensible y vital.

[8]   "El teatro chileno de nuestros días", prólogo de Julio Durán-Cerda a la
      antología *Teatro chileno contemporáneo*. Ediciones Aguilar, México, 1970.

Esta función redentora del amor también está planteada en *La remolienda*, un sainete que se ha convertido en una de las obras más exitosas de Sieveking. En ella, tres prostitutas pueblerinas se enamoran de tres campesinos iletrados que ni siquiera sospechan el oficio de sus amadas. Gracias a ellos, las mujeres se sienten auténticamente queridas, salvándose así de una vida sórdida y optando por un mundo simple e incontaminado. En ambas obras hay una mirada pícara y humorística. Hay aquí cierta humanidad popular, recobrada por la vía de una dramaturgia que basa su accionar en los relatos pueblerinos orales, en cierta mitología depurada que entregan un renovado concepto de la chilenidad.

De alguna manera, *El paraíso semiperdido* (1958) es también la recreación más o menos festiva de un mito, el de la creación, según el cristianismo. Un Dios amable y bonachón ha prohibido a Adán y Eva que coman de la manzana. La tentación a la que sucumben ambos protagonistas aquí no ocasiona necesariamente un viaje a las tinieblas, sino a la transformación del hombre y la mujer en seres humanos normales y corrientes, con alegrías y dolores, ante los cuales Dios no actúa de manera autoritaria y temible, sino que en forma comprensiva: todas las maravillas que ha creado alrededor de estos seres humanos no tiene sentido sin ellos y se los otorga. El realidad, ellos "semi" pierden el Paraíso, porque si bien extravían cierta vida feliz, pero inconsciente, ganan en humanidad, afecto y carnalidad.

Este triunfo puede simbolizar una parte significativa de la obra de Sieveking, que se refleja de diversas formas en las tres obras de este volumen.

Juan Andrés Piña

Julio de 2003

Programa diseñado por Roser Bru para el estreno de "Ánimas de día claro" el año 1962.

ÁNIMAS DE DÍA CLARO

Comedia en dos actos

PERSONAJES

INDALICIO

NANO

BERTINA

LUZMIRA

FLORIDEMA

ZELMIRA

ORFILIA

EULOGIO

OÑA VICENTA

PRIMER ACTO

El decorado representa el jardín de una casa de campo abandonada cercana a Talagante.

A la izquierda está el sendero que conduce al camino y una verja que separa el jardín de la quinta. A la derecha, la casa, de la cual se ve el típico corredor frontal. En el techo, corontas de maíz, oscurecidas por el tiempo. Al fondo se ven los árboles secos de la quinta, entremezclados, blancos, que dan un ambiente irreal. La escena permanece vacía por un rato y sólo se oye, de vez en cuando, la canción de un grillo perdido en el jardín. Por la izquierda entran INDALICIO *y* NANO, *cautelosamente; son dos jóvenes de poco más de veinte años. Al abrir la puerta de la verja se quedan con ella en la mano y la dejan a un lado. Miran hacia la casa con recelo.*

NANO: –(*Mirando hacia atrás.*) Y el Eulogio no se divisa todavía.

INDALICIO: –Ése es redemoroso pa too.

NANO: –¿No se irá a perder?

INDALICIO: –No. Yo le 'ije qu'era frente a los sauces.

NANO: –¡Aaaah!... (*Temeroso.*) Esta es la casa, pus.

INDALICIO: –¡Echémosle un vistazo, por mientras!

NANO: –No seái animal, ¡oh!, no te vayái a meter ei, ¿no vis que penan?

INDALICIO: –¡Qué van a penar!

NANO: –¿No te digo? Si ei penan.

INDALICIO: –Pero de día no, pus. De noche será. Pa qué te voy a 'ecir, yo de noche no vengo ni amarrao, pero ahora...

Nano: –No, oh, si aquí penan hasta de día.

Indalicio: –Y, ¿cómo sabís tanto, tú?

Nano: –¡Bah! Pero si Oña Vicenta, la tía 'e la Luchita, es re'nterá en estas custiones de aparecíos... (*Una de las viejas jaulas que cuelgan en el corredor cae sorpresivamente al suelo.* Indalicio *y* Nano, *aterrados, corren a esconderse detrás de un árbol. Después de un momento, ríen nerviosamente y reanudan la conversación.*) A veces, cuando tú andabai en Santiago, yo m'iba pa la casa 'e la Luchita, a ver si... a ver si me resultaba, pues... No me resultó na, pero ¡no sabís too lo qui'aprendí d'estas custiones de las ánimas! Mira, la tía 'e la Luchita dice qu'estas custiones son re'mbromás, ¡reserias! No son patillas. Dice que las ánimas son... dijuntos que no se van ni al cielo ni al infierno porque'stán "reteníos", eso dijo.

Indalicio: –No entendí esa custión.

Nano: –Es que... Yo te voy a 'ecir. Parece que a la gente que se muere sin hacer lo que más quería, el alma se les queda pegá en la tierra, esperando. Y parece, tamién, que no pueen descansar hasta que se cumple lo qu'estaban esperando.

Indalicio: –¡Ah!... Y en esta casa, ¿por qué penarán? ¿Sabís tú?

Nano: –Dicen que aquí vivían unas hermanas, eran seis, y se murieron toas solteronas.

Indalicio: –¡Ah...!

Nano: –Y están las seis ahí, esperando... Oye, y tu primo, el Eulogio, ¿pa qué se quiere comprar el terreno este?, ¿por qué no elige otro?

Indalicio: –Pero si entuavía no lo ha visto. Si ése no sabe na. Algún vivo, por ahí, se lo recomendó... pero el güerto es güeno, güena tierra.

NANO: –Los árboles 'tan secos.

INDALICIO: –¿Cuántos años qu'está abandonao esto?

NANO: –Unos quince serán. O más...

INDALICIO: –¿Y hai visto la casa por dentro...?

NANO: –¿Tai chiflao? ¡Pero si está lleno de ánimas, esto!

INDALICIO: –Pero de día, digo yo.

NANO: –¡Puchas, no querís entender! ¿No te digo que aquí hay ánimas hasta de día claro?

INDALICIO: –De toos moos yo voy a entrar cuando llegue el Eulogio... Oye, ya m'está preocupando éste; ya debía estar aquí.

NANO: –Seguro que pajareando por aquí y por allá. Y ese animal que le pasaste no corre ni a empujones.

INDALICIO: –¿El Ñato? Si ése es recorredor, oh...

NANO: –Se nota... Como no se ha demorao na...

INDALICIO: –Es que el Eulogio, tamién, es re Calmatol. Y además que no le pega mucho al galope, parece.

NANO: –¿No se habrá caído?

INDALICIO: –Capacito.

NANO: –Vamo a ver, será mejor.

INDALICIO: –Parece que lo que tú querís es irte, ¿ah? Si no se va a aparecer naide, oh... Y si aparece, ¿qué? Tú les tenís muchazo mieo, ¿ah? A mí me tinca que son puros cuentos. ¿Tú creís de veras en estas custiones...?

NANO: –Más o menos.

INDALICIO: –No seái, oh. Acerquémonos un poco a la ventana y le pegamos una loreaíta pa'entro.

NANO: –¿Tú te atrevís?

INDALICIO: –Claro, pus. Vamos. (*Se abre lentamente una ventana. Los dos amigos se quedan estupefactos. Aparece una viejita de unos ochenta años, muy simpática. Los amigos, con grandes gritos de susto, salen corriendo, atropelladamente, hacia el camino.*)

BERTINA: –¡Oigan! ¡Oigan! Espérense... ¡Ay! ¡Qué gente más lesa! Too porqu'iuna es ánima, se arrancan.

VOZ: –(*Desde el interior de la casa.*) ¿Qué pasa... ?

BERTINA: –¡Esta gente, pues, niña! Cualquiera creería qu'iuna se los va a comer. (*Cierra la ventana. En seguida sale por la puerta al jardín.*) Ven p'acá, Luzmira.

VOZ: –¿Pa qué, niña?

BERTINA: –No, si no'es na... Ei'tán esas benditas tencas, de nuevo, pero ahora no tienen na que comerse. Antes que nos daba rabia, ¿te acordái? Too el día a pieirazo limpio pa que no se comieran los damascos maúros y siempre golvían otra vez. Y los gorriones... ¡No hay caso con los gorriones! (*Entra* LUZMIRA, *es aún más vieja que* BERTINA).

LUZMIRA: –¿De qué estabai hablando?

BERTINA: –De los gorriones.

LUZMIRA: –No; yo digo di'una gente que salió gritando.

BERTINA: –Unos chiquillones eran. Y uno era regüén mozo. Yo no sé por qué si'arrancó.

LUZMIRA: –De verte tan refea, sería.

BERTINA: –¿Fea?

LUZMIRA. –Es que'andái mas vieja que nunca hoy día.

BERTINA: –¿Ando vieja? Mira si seré lesa... No me di ni cuenta. Si güelven, voy a ponerme joven y los voy a recibir di'unos cincuenta años.

LUZMIRA: –Menos pues, niña. Como andái de ochenta ahora, cincuenta te parece poco.

BERTINA: –¿De veinte...?

LUZMIRA: –Eso sí, pues.

BERTINA: –Voy a estar de veinte cuando güelvan. Me gustaría que golvieran.

LUZMIRA: –¿Pa qué?

BERTINA: –Pa conversar y pa...

LUZMIRA: –¿Querís qu'ese tipo te bese pa'irte al cielo?

BERTINA: –No. No me quiero ir na al cielo toavía, ¿qué voy a hacer yo allá arriba? ¡Hay tanto ángel! Y la tierra es tan rebonitaza... tan rebonita qu'es, ¿no?... Oye, Luzmira, si alguien me besa, ¿de veras que me voy a ir pa'l cielo?

LUZMIRA: –Claro, ¿que no era eso lo que más queríai? ¿Lo que nunca se cumplió?

BERTINA: –¡Que no te oiga la Orfilia! Le conté que había tenío pololos a montones... Pero es cierto... ¡Nunca naide me besó! ¿Por qué sería?

LUZMIRA: –No te pongái triste, no pensís en eso.

BERTINA: –Pero me voy a quedar con las ganas, no pienso irme al cielo. Con lo güeno qu'es Dios pa perdonar, no ha de haber ni'una nube desocupá.

LUZMIRA: –¿Tú creís?

BERTINA: –Claro... Ay, ay, ay. Mira el valle y el camino a Talagante que bonito que se ve... ¿Por qué sería?

LUZMIRA: –¿Qué?

BERTINA: –Que naide me dio un beso.

LUZMIRA: –No te quejís tanto, Bertinita, lo tuyo es refácil d'entender, pero ¿sabís cuál es el deseo que no se les cumplió a toas las chiquillas? ¿A la Orfilia, a la Floridema, a la Zelmira?

BERTINA: –No.

LUZMIRA: –Recibir un beso di'amor, tamién, parece.

BERTINA: –¿Y cómo la Orfilia dijo que a ella la habían besao?

LUZMIRA: –Ta difariando. (*Ríen afirmándose entre sí.*)

BERTINA: –Oye, ¿y por qué decís que lo mío es tan refácil d'entender? Yo no hallo.

LUZMIRA: –Es que, mira..., lo que pasa es que... tú... eh.

BERTINA: –¿Cuál'es qu'es tan fácil?

LUZMIRA: –Es por tu lunar.

BERTINA: –¿Mi lunar? ¿Qué tiene mi lunar?

LUZMIRA: –Lo tenís en la punta 'e la nariz, pues.

BERTINA: –¿Y eso, qué tiene que ver...?

LUZMIRA. –Es que... ¡afigúrate que yo soy un pololo tuyo!

BERTINA: –Güeno.

LUZMIRA: –Y estamos pololiando.

BERTINA: –Ya.

LUZMIRA: –Y yo te quiero dar un beso.

BERTINA: –Güeno.

LUZMIRA: –Entonces, me'acerco harto.

BERTINA: –Ya.

LUZMIRA: –Y te voy a dar el beso...

BERTINA: –Ya'stá.

LUZMIRA: –...y cuando te voy a dar el beso...

BERTINA: –¿Sí?

LUZMIRA: –...¡Veo tu lunar!

BERTINA: –¿Y qué pasa?

LUZMIRA: –¡Me pongo turnio!

BERTINA: –Ah, no'es cierto. No'es cierto.

LUZMIRA: –Claro qu'es cierto. ¿Por qué creis que mi'amá no te ponía a recibir la gente que compraba los cacharros, ah? Porque toos no hacían más que mirarte y se ponían turnios.

BERTINA: –La mairina siempre 'ecía que mi lunar me hacía mucha gracia.

LUZMIRA: –Es que la mairina –que en paz descanse– era una santa, la pobre señora.

BERTINA: –Te apuesto que si güelve, me besaría, a pesar del lunar.

LUZMIRA: –¿El joven ese, que salió corriendo a perderse?

BERTINA: –Ése.

LUZMIRA: –¿Y creís que va a golver? Se llevó el susto más grande 'e su vía.

BERTINA: –Alguien va a venir, siento que alguien va a venir.

LUZMIRA. –Güeno, y si güelve, ¿qué va a pasar...?

BERTINA: –(*Vacila.*) Naa...

LUZMIRA: –¿Viste? Ya estái arrepentía.

BERTINA: –Es que... ¿valdrá la pena? Me iría al cielo, y no quiero irme naa toavía. ¿Valdrá la pena?

LUZMIRA: –Eso'es cosa tuya.

BERTINA: –¿Cuál es el deseo tuyo que no se cumplió?

LUZMIRA: –Jueron tantos que no sé cuál de toos es. Quería tener mi casa, casarme, tener guagua, tener nietos, ir a Santiago... o, a lo mejor, no era na más que hacer la figurita más linda que se haya hecho en Talagante..., a lo mejor era eso, no más. No sé.

BERTINA: –Güen dar, ¿no? Y a las otras, ¿cómo que no las besaron tampoco? Cierto que no habían muchos solteros sueltos en mis tiempos, pero'e toos moos ¡ni siquiera con un casao!

LUZMIRA: –Ni digái eso; ¿no te acordái de la Eduvigis? Agora debe estar tostándose en los santos infiernos.

BERTINA: –Así será. Pero lo comio y lo ballau, no se lo quita naide.

LUZMIRA: –No digái esas cosas, ¿no vis que te podís condenar?

BERTINA: –Ya no me condené, ya, pues..., además que toas eran puras habladurías, no más.

LUZMIRA: –Si era cierto. Lo sintieron subir la escalera, no lo vieron, pero lo sintieron subir la escalera.

BERTINA: –¿Y lo sintieron bajar...?

LUZMIRA: –Claro, no lo vieron, pero lo sintieron bajar la escalera.

BERTINA: –Total que naide lo vio. Ése era más ánima que toas nosotras juntas. (*Ríe feliz con su chiste.*)

LUZMIRA: –Ya'stá la tonta diciendo cosas ahí.

BERTINA: –¡Bah! ¡Esto sí que está güeno! Ya'stoy grandecita.

LUZMIRA: –Yo le'ecía a la mamá que no te regaloneara, pero como erai la más chica, te hacía arrumacos too el día y por eso saliste tan encaprichá y mal hablá.

BERTINA: –Y tú, ¿por qué saliste tan mandaruna?

LUZMIRA: –¡Atrevía con tus mayores! Nunca vai a aprender.

BERTINA: –No te enojís, Luzmira, que te vai a arrugar.

LUZMIRA: –Vai a ver, no más, cuando me vaya al cielo, no vai a tener con quien peliar... ¡entonces te quiero ver!

BERTINA: –La media cosa; apenas m'empiece a aburrir, me voy tamién.

LUZMIRA: –¿Tú creís que van a venir a hacer cola pa darte un beso?

BERTINA: –(*Piensa un rato.*) ¿Sabís una cosa...? Estoy igual que la Urmiente 'el Bosque, esa, ¿te acordái? que con un beso se 'espertaba. Pero al revés... porque yo me'ormiría... Y no me quiero'ormir... Pero es que a lo mejor cumplir un deseo debe ser muy requetegüeno, ¿no es cierto? A lo mejor vale la pena... Algunos lo sacrifican too... La Eduvigis, por ejemplo, se jue... así no más, con lo puesto, pero iba por el camino ¡cantando! ¡Me acuerdo tan bien! Con los ojos llorosos iba, pero cantando 'e felicidá... A lo mejor vale la pena... (*Mira hacia el camino.*) ¡Un jinete!... (*Se abre una ventana y aparecen las otras tres hermanas:* ORFILIA, FLORIDEMA *y* ZELMIRA, *igualmente viejas todas, preguntando al mismo tiempo.*)

LAS TRES: –¿Onde, niña?

BERTINA: –Ahí, en el camino. ¿Veís, Luzmira? Yo te'ecía qui'alguien iba a venir.

LUZMIRA: –Puee pasar de largo... (*Las cinco hermanas siguen cada movimiento del jinete, angustiadas.*)

BERTINA: –Ta mirando, ¡se paró!

ORFILIA: –¡Se baja 'el caballo!

FLORIDEMA: –¡Amarra las riendas en la tranca! (*Gesto de consternación de las cinco.*)

BERTINA: –¡Se le cayó la tranca en el pie!

LUZMIRA: –¡Ay! El pobre...

BERTINA: –Güeno, chiquillas, me voy a... Voy a golver al tiro. ¡No lo 'ejen irse! (*Le habla al oído a* LUZMIRA, *nerviosa.*) ¿Estái segura que queo bien de veinte años? ¿No será mejor de veinticinco? Él paré que tuviera veinticinco... Voy a ver, mejor... Atiéndanlo, entreténganlo. (*Sale y vuelve inmediatamente.*) ¿Qué me pongo? Güeno, ya veré. (*Sale y vuelve a aparecer.*) ¡Ay! Ahí viene... (*Sale.*)

FLORIDEMA: –¿Y qué le pasa a la Bertina...?

LUZMIRA: –Nada. Es que es tan chijeta.

LAS TRES: –¡Ah! (*Las hermanas cierran la ventana y salen al patio. Entra* EULOGIO. *Es joven y decidido, pero muy romántico y tierno en el fondo.*)

EULOGIO: – (*Entra cojeando.*) Güenas tardes...

LAS CUATRO: –Güenas tardes...

LUZMIRA: –¿Se pegó muy fuerte en el pie?

EULOGIO: –No mucho.

LUZMIRA: –Muy bonito su caballo.

EULOGIO: –Sí, pero no es na mío. Es de mi primo... Yo no esperaba encontrar a naide aquí. Me dijeron que...

LUZMIRA: –Le voy a presentar a mis hermanas, primero. Mi hermana mayor, la Floridema.

FLORIDEMA: –Mucho gusto, pa servirle. (*Hace una re-*

verencia.)

LUZMIRA: –La segunda, la Zelmira.

ZELMIRA: –Mucho gusto. Pa servirle. (*Reverencia.*)

LUZMIRA: –La tercera, l'Orfilia.

EULOGIO: –¿Cómo dijo?

LUZMIRA: –L'Orfilia.

ORFILIA: –Mucho gusto. Pa servirlo. (*Reverencia. Las otras tres la miran consternadas. Ella, ruborosa, se corrige.*) Digo, pa servirle.

LUZMIRA: –Y yo me llamo Luzmira, pa servirle. (*Reverencia.*)

EULOGIO: –Mucho gusto. Yo venía porque...

LUZMIRA: –Perdón, pero, ¿cómo es su mercé?

EULOGIO: –Eulogio Tapia, pa servirla..., eh..., ¡pa servirlas! (*Reverencia de las cuatro. Risas coquetas.*) Yo venía por...

ORFILIA: –Usté un'es na de por acá, ¿no es cierto...?

EULOGIO: –Sí, pero me jui a vivir a San Bernardo..., hace harto tiempo ya.

LUZMIRA: –¡Ah! ¡San Bernardo! Es un pueblo muy progresista ése. Y está pegaíto a Santiago. Ésa es gran ventaja, hallo yo.

EULOGIO: –Claro, es como vivir en provincia, pero al laíto 'e la gran ciudá. ¿M'explico?

LAS CUATRO: –Sí, claro.

ZELMIRA: –¿Y por qué no se sienta? (*Toma una silla destartalada y se la ofrece.*)

EULOGIO: –(*La silla no le ofrece mucha seguridad.*) Prefiero estar de pie, muchas gracias.

LUZMIRA: –Si nosotras tamién nos vamos a sentar, ¡esta gente de la ciudá, tan caballerosa qu'es, tan fina! (*Ellas sacan otras sillas como la primera y se sientan. Sólo entonces se atreve, EULOGIO a imitarlas. ZELMIRA, FLORIDEMA y ORFILIA cuchichean entre sí y ríen.*)

FLORIDEMA: –¿Así que vivía en San Bernardo usté?

EULOGIO: –Claro, en San Bernardo.

ORFILIA: –Así que, con toa seguridá, habrá estao en la capital, ¿no?

EULOGIO: –Claro, sí hey estao.

ORFILIA: –¿Y cómo es?

EULOGIO: –Grande. (*Las hermanas esperan atentas más datos, que no llegan.*)

ORFILIA: –Grande y, ¿qué más?

EULOGIO: –Güeno, hay mucha gente.

FLORIDEMA: –¿Más que en Talagante?

EULOGIO: –Mucho más, pues.

FLORIDEMA: –Ha de ser bien grande, entonce.

ZELMIRA: –Sí, pues.

ORFILIA: –Yo es como si hubiera estao allá. Toa la gente vive en casas muy güenas y hay mucho ganao, parece, y se come hartaza carne. Y el aire es tan saludable. Con los cerros ahí mesmo, tamién.

FLORIDEMA: –Ésta está hablando de quién sabe qué año.

ZELMIRA: –Sí, pues.

ORFILIA: –A mí me tenían bien convencía que me juera 'e cocinera pa una casa. Tentá estuve, le voy a 'ecir.

FLORIDEMA: –No te debierai ni acordar d'eso. Que mi mamá, cuando supo, casi se cayó tiesa ahí mesmo.

ZELMIRA: –Así jue, pues.

ORFILIA: –Si no se cayó tiesa con lo de la Eduvigis, con lo mío menos, poh.

FLORIDEMA: –Es que la Eduvigis jue zafá ende qu'era chica.

ZELMIRA: –Sí, pues. Jue bien zafá.

LUZMIRA: –¡Hay que ver que son bien!, ¿no? Se ponen a discutir y me dejan a la visita botá, sin conversa.

EULOGIO: –No, si no importa, yo...

LUZMIRA: –(*Muy sociable. Con ímpetu.*) Caluroso el día, ¿no?

EULOGIO: –Sí, en el camino sobre todo; pero aquí está fresco.

FLORIDEMA: –De toos moos, ¿por qué no se sirve una copita 'e mistela pa la calor?

ZELMIRA: –Es de membrillo.

ORFILIA: –Nosotras mismas la hicimos.

EULOGIO: –Gracias. Tomaría un poquito, si no es molestia. No la hey probao nunca. (*Se levanta confundido.*) Pero no sé si debería, yo solamente vine a...

ORFILIA: –Haiga venío a lo que haiga venío, tiene que probar un poco..., un poquito más que sea. (*Salen las tres, riendo bajito y cuchicheando.*)

LUZMIRA: –Acomódese, no más.

EULOGIO: –Gracias. Me siento muy bien aquí. Ustedes son muy simpáticas. (LUZMIRA *baja los ojos y ríe de satisfacción.*) Me siento como en mi casa.

LUZMIRA: –¡Ay!, ¿cómo va a ser? De puro amable que lo 'ice.

EULOGIO: –No, si es verdá.

LUZMIRA: –Usted nos va a perdonar que seamos tan guasas, ¿no? Es que vemos muy poca gente, agora. Antes no, y eso aunque la verdá es que nunca juimos muy güenas pa recibir visitas, nosotras. Yo menos que ninguna. Juí muy apegá a mi mamá. ¡Igual que las chiquillas! (*Hace un gesto indicando por donde salieron sus hermanas.*) Pero los tiempos cambean y a mí ya m'estaba haciendo falta conversar un poco con alguien de ajuera.

EULOGIO: –Güeno, en realidá, yo no soy ajuerino. Yo hace tiempo que viví aquí en Talagante; me gustaba mucho porque..., bueno, lo pasaba bien y... Esta región me gusta hartazo. Voy a volver aquí.

LUZMIRA: –¡Qué bien! Por acá se necesitan muchos hombres solte... ¡trabajadores! ¿Así que piensa instalarse en Talagante?

EULOGIO: –No en Talagante... A eso venía. Me dijeron en el pueblo que frente a los sauces había un sitio con una casa en venta. Pero una casa desocupá. Yo, al principio, creí qu'era ésta, pero parece que m'equivoqué. (*Mira a su alrededor.*) Y le venía a preuntar..., como hay dos caminos allí..., si usted sabría dónd'es.

LUZMIRA: –¿Dónde será? ¿Y qué más le dijeron...?

EULOGIO: –Que tenía una buena quinta. Como ésta... Y qu'estaba muy descuidá.

LUZMIRA: –Como ésta...

EULOGIO: –(*Ríe, incómodo.*) ...Pero con un poco 'e trabajo podría quear bien... ¡Eh!... Parece que la dueña se murió hace como una cosa de quince años; y como no tenía herederos, la remataron.

LUZMIRA: –(*Siguiendo la conversación sin inmutarse, muy atenta.*) ¡La remataron...!

EULOGIO: –Pero lo raro es que naide la compró.

LUZMIRA: –¡Qué raro! ¿Y le dijeron por qué?

EULOGIO: –No... La casa era... (*Mira la casa.*), blanca, con las persianas café.

LUZMIRA: –Como ésta... Toas las casas de por aquí son igualitas.

EULOGIO: –Sí. Yo quiero comprar la casa y el terreno. Trabajarlos, ah. Y ver qué se hace pues... Pero tengo qu'encontrar la casa primero.

LUZMIRA: –Como tarde o temprano lo va a saber, mejor le confieso al tiro que la casa es ésta.

EULOGIO: –Pero me dijeron qu'estaba desocupá.

LUZMIRA: –Claro, por eso estamos nosotras aquí.

EULOGIO: –¿Y ustedes pagan arriendo...?

LUZMIRA: –No, fíjese, no pagamos arriendo.

EULOGIO: –¡Ah...! ¿Y nadie les ha reclamado?

LUZMIRA: –Nunca viene naide p'acá.

EULOGIO: –¿Por qué?

LUZMIRA: –La gente del pueblo, pues, tan supersticiosa qu'es. Icen que aquí penan. Que hay ánimas hasta de día claro.

EULOGIO: –¡Ah! ¿Por eso es que no compraron el terreno, entonces? ¡Qué divertido...! (*Los dos se ríen, él, con grandes carcajadas, y ella, suavemente, mirándolo de reojo.*)

LUZMIRA: –¿Usté no le tiene mieo a las ánimas?

EULOGIO: –No. (*Ríe.*) No creo en las ánimas.

LUZMIRA: –(*Molesta.*) Oiga, pero se han dao casos muy ciertos.

EULOGIO: –¡Puras ideas de la gente! Ven una sombrita que se mueve... y ¡ya'stá! El ánima en persona de la fulana que..., ¡se ahogó, por ejemplo! Y después no hay caso, juran que le vieron hasta el color de la enagua.

LUZMIRA: –Pero póngase en el caso que usté viera una.

EULOGIO: –¡Ah! ¡Ah! Ahí 'stá, pues. ¡Es que yo nunca voy a ver una!

LUZMIRA: –(*Sonriendo amenazadoramente.*) No esté tan seguro. Na es seguro en este mundo.

EULOGIO: –(*Entusiasmado con sus ideas, sonriente.*) Es que ya no hay hueco pa las ánimas, tamién.

LUZMIRA: –¿Cómo dijo...?

EULOGIO: –Qu'el mundo se'achica. Cada día hay más gente; por eso es que ya no queda hueco pa los muertos. Tendrían que irse a... No sé dónde.

LUZMIRA: –A una casa abandoná.

EULOGIO: –Ya no hay casas abandonás.

LUZMIRA: –¿Y ésta?

EULOGIO: –Ésta no está abandoná. Están ustedes.

LUZMIRA: –Claro. Pero nosotras..., y afírmese en su asiento... (*Entra* BERTINA *con una antigua bandeja con un vaso de agua y va directamente donde* EULOGIO. *Ahora tiene veinte años y está vestida con el concho del baúl, de un baúl que ya tiene más de sesenta años. Se ve muy bien, pero ahora el lunar que tiene en la punta de la nariz está más marcado. Lo mira fijamente. Él se levanta de la silla.*)

BERTINA: –Como la Orfelia y la Floridema y la Zelmira recién están preparando la mistela de membrillo, le traje un vaso di'agua, por mientras...

LUZMIRA: –(*Horrorizada.*) ¿Recién la están preparando? Pero si hay hecha.

BERTINA: –Con los nervios no la pudieron encontrar.

LUZMIRA: –¡Ay! Yo voy a ir a... ¡Ah! Ésta es la Bertina, la Bertinita.

BERTINA: –Mucho gusto. Pa servirle. (*Hace la reverencia; sin mirarlo. Él estira la mano. La retira y hace una inclinación.* BERTINA *estira la mano.*)

EULOGIO: –Eulogio Tapia... Mucho gusto. (*No saben si darse la mano y, por último, ríen muy nerviosos.*) ¡Que soy...!

BERTINA: –(*Pasándole el agua.*) ¿No se sirve?

EULOGIO: –(*Toma el vaso de agua.*) Gracias...

BERTINA: –Es de la vertiente.

EULOGIO: –¿Ah, sí?... (*Va a tomar el agua, pero encuentra algo adentro.*)

BERTINA: –Le puse una hoja de menta.

EULOGIO: –Muy amable.

BERTINA: –Es pa'l gusto.

LUZMIRA: –¡Esta Bertinita! Con su permiso suyo, voy a ir a buscarle yo la mistela, porque si quiere probar la

de mis hermanas, tendría que golver pa'l otro año.
Con su permiso. (*Sale.*)

EULOGIO: –Suyo...

BERTINA: –(*Directamente.*) ¿Cómo me queda el traje?

EULOGIO: –(*Turbado.*) Muy bien.

BERTINA: –No me lo ponía ende qu'era joven. (*Se queda helada por un momento y dice lo primero que se le pasa por la cabeza, rápidamente.*) ¿A qué vino usté?

EULOGIO: –Vine por la casa. Me dijeron que estaba en venta... ¡Eh!... Güena tierra, ¿ah?

BERTINA: –¡Ay! ¡Güenaza! Antes..., antes teníamos plantá la quinta entera con damascos, se dan muy grandes por aquí, y con melones tunas. (*Ríe.*) Damascos grandes y melones chicos... (*Ríe y él se contagia.*) ¿Qué va a plantar usté?

EULOGIO: –Si se dan tan güenos, ¡habrá que plantar damascos!

BERTINA: –¡Hágalo y no se va a arrepentir! ¿Sentémonos en el jardín? (*Entre unas plantas descubre un banco.*) ¡Cómo está esto, no! Tan descuidao, pero toavía me gusta. Ya no hay canarios en las jaulas, ni flores..., pero jue un jardín muy bonito, y a lo mejor..., toavía puede serlo otra vez. Ahora es un jardín triste. Si cierro los ojos, lo veo tal cual era como cuando yo era chica. (*Suspira.*) ¡Tan bonito!... Hoy día, cuando amaneció, sentí qui'algo distinto iba a ocurrir. Aquí toos los días son iguales... Y así jue. Algo distinto ocurrió... ¿Cuándo llegó usté?

EULOGIO: –Antiayer.

BERTINA: –(*Lo mira.*) ¿Antiayer?

EULOGIO: –Vengo de San Bernardo. Mi primo, Indalicio Tapia, estaba en Santiago; hablé con él. Su familia vive en Talagante... A mí me gusta el campo. Mi viejo murió hace poco y...

BERTINA: –¿Adónde se jue?

EULOGIO: –¿Cómo?

BERTINA: –¿Se jue al cielo?

EULOGIO: –(*Asombrado.*) Espero que sí... No sé. (*Serio.*)
A lo mejor se jue al purgatorio.

BERTINA: –¿Por qué cree usté?

EULOGIO: –Por... (*Sonríe.*) Sus pecaditos tendría.

BERTINA: –¡Qué güeno! Debe haber sío muy feliz entonces.

EULOGIO: –No sé... No la entiendo muy bien...

BERTINA: –Porque los "pecaítos" deben ser deseos
qu'iuno tiene. Y dicen, que no hay na mejor que
cumplir un deseo.

EULOGIO: –Así ha de ser.

BERTINA: –(*Pícara.*) ¿Y usté conoce algún "pecaíto" 'e
su papá?

EULOGIO: –Uno que otro.

BERTINA: –Cuéntemelo. No se lo voy a 'ecir a naide, no
se preocupe.

EULOGIO: –A ver... Le gustaba el trago.

BERTINA: –Pero ése no es na pecao aquí en Chile, pues.

EULOGIO: –Y tamién..., eh... Dicen...

BERTINA: –Cuénteme, pues.

EULOGIO: –Dicen que le gustaba una señora que..., eh...
Mi papá era viudo...

BERTINA: –Tampoco es pecao, entonces. ¿Y qué l'eiba a
hacer el pobre, si era viúo...? ¿Qué edá tenía...?

EULOGIO: –(*Cada vez más en confianza.*) Sesenta.

BERTINA: –¿Sesenta, no más? ¡Pero si era una guagua!
Yo, a los sesenta me sentía una niñita chica. (EULOGIO
se ríe.) ¿Qué dije?

EULOGIO: –(*Ríe.*)... Que usté... ja, ja..., a los sesenta, ¡se sentía una niñita chica! Ja, ja...

BERTINA: –(*Seria.*) Era un chiste.

EULOGIO: –¡Y redivertido!

BERTINA: –Oiga, ahora que me acordé, ¿le duele el pie, toavía?

EULOGIO: –Ya no.

BERTINA: –¡Ah!... ¿Sentémonos? ¿Qué hacimos de pie?

EULOGIO: –Sentémonos.

BERTINA: –¿No se le irá a hacer tarde...?

EULOGIO: –No, no tengo na que hacer... ¡Ah! De veras que no terminamos de conversar con la señora... Se me jue el nombre...

BERTINA: –¿Luzmira?

EULOGIO: –Ella mismita. Estábamos hablando 'e la casa. Yo quería comprarla, pero si ustedes están aquí, no las voy a molestar.

BERTINA: –Nos dejaría sin casa si la compra.

EULOGIO: –Voy a buscar en otra parte.

BERTINA: –Por aquí cerca no hay na muy valioso. Más pa'l sur hay unos terrenos.

EULOGIO: –Mañana los voy a ir a ver... Y si no le molesta..... me gustaría pasar a verla.

BERTINA: –¿Mañana?

EULOGIO: –A la hora que me diga.

BERTINA: –Y... ¿por qué no se quea a alojar aquí? Hay una pieza. La cama no es muy güena, pero... Está en el piso di'abajo. Yo, en la noche, estoy en el piso di'arriba..., es decir..., yo duermo arriba. La casa es triste, tamién, como el jardín... La escalera cruje cuando... Hace años que no cruje... ¿Y?

EULOGIO: –Muchas gracias, Bertinita. ¿Le pueo 'ecir Bertinita?

BERTINA: –Claro, dígame así, no más.

EULOGIO: –No voy a poder, pues, fíjese. M'están esperando en la casa 'e mi primo, el Indalicio Tapia, y capaces que se alarmen. ¡Son tan redivertíos! Creo que 'icen qu'en esta casa penan.

BERTINA: –¿Dicen eso?

EULOGIO: –La señora Luzmira me contaba. Y ella tamién trataba 'e convencerme que habían ánimas. (BERTINA *se levanta y se aleja un poco de él.*)

BERTINA: –Yo sé muchazas cosas sobre las ánimas.

EULOGIO: –¿Y por qué no me cuenta?

BERTINA: –Dicen que cuando las personas tienen un deseo muy grande y se mueren sin cumplirlo, se quean en la tierra, esperando...

EULOGIO: –Pero un ánima menos puee cumplirlo.

BERTINA: –Hay tantas cosas que no se saben...

EULOGIO: –(*Se ha acercado a ella. Se miran.*) Así debe ser.

BERTINA: –Así que se va a tener qu'ir... Me habría gustao que se queara.

EULOGIO: –Voy a venir tempranito.

BERTINA: –¡Qué güeno!

EULOGIO: –Me gusta su lunar.

BERTINA: –¿Y no se pone turnio?

EULOGIO: –No, ¿por qué?

BERTINA: –Toa la gente se pone turnia con mi lunar.

EULOGIO: –A mí me gusta. Le hace mucha gracia.

BERTINA: –Pero..., ¿lo 'ice en serio?

EULOGIO: –Re en serio lo 'igo. (*Le toma de la mano.*) ¿Quiere que vamo a dar una güelta?

BERTINA: –(*Mira las manos tomadas y luego retira la suya, con suavidad.*) ¿No será muy tarde?

EULOGIO: –No. Le voy a pedir permiso a su abuelita.

BERTINA: –¿A mi abuelita?

EULOGIO: –Claro, a la señora que... (*Gesto vago hacia la casa.*)

BERTINA: –No creo que puea, mi abuelita cumplió todos sus deseos. Jue muy feliz.

EULOGIO: –(*Extrañado.*) ¿Ah, sí?

BERTINA: –Era la persona más feliz qu'hey conocío.

EULOGIO: –(*Mira hacia la casa.*) ¿Y ya no es feliz?

BERTINA: –(*Mira hacia el cielo.*) Sí... Supongo que mucho más. Aunque se aburra un poco.

EULOGIO: –Entiendo la mitad de lo que habla usté, pero no sé por qué me gusta tanto.

BERTINA: –¿Con lunar y too? (*Él se ha acercado mucho a ella.*)

EULOGIO: –Sobre too con el lunar. (*La va a besar. Cuando está a punto de hacerlo, ella se escapa hacia un lado, corriendo.*)

BERTINA: –¡No! Capaz que venga alguien. ¡Ay!, ¿qué hago? ¿Ve lo que pasa? Ahora no sé qué hacer.

EULOGIO: –¿Por qué?

BERTINA: –Porque... (*En ese momento aparece* LUZMIRA *en la puerta de la casa, con una bandeja con una botella y vasitos de mistela. Detrás de ella viene* ORFILIA, *y luego* FLORIDEMA *y* ZELMIRA, *que aparece al final. Todas vienen muy contentas y riendo entre sí.*)

LUZMIRA: –¿No ve? ¿Qué lo 'ecía yo? Si no voy, se quea sin mistela no más. ¡Sírvanse! ¡Sírvanse!

ORFILIA: –(*Sacando un vaso de la bandeja.*) ¡Sírvanse! ¡A su salú, pues, joven!

EULOGIO: –A la salú de ustedes, será. (*En ese momento* LUZMIRA *les sirve a las otras dos hermanas.*)

FLORIDEMA: –Si no hay como la gente educá.

ZELMIRA: –Así es, pues.

ORFILIA: –¡Salucita! (*Todos beben.*)

EULOGIO: –¡Está muy rica!

ORFILIA: –Gracias. Como que nosotras mismas la hicimos.

EULOGIO: –Buena mano tienen, pues.

ORFILIA: –(*Muy animada.*) Sírvanse otra copita. (*Toma la botella y les sirve a todos.*) ¡Sirvámonos otra copita, pues! Miren que me quedé con gusto a poco. ¡Si no hay como un buen trago pa animarse! ¡Salucita, pues!

TODOS: –(*Chocando los vasos unos con otros.*) ¡Salú! ¡Salú! (*Todos vuelven a beber.*)

ORFILIA: –¡¡¡Huifa!!! (*Empieza a dar unos pasitos de cueca. Saca un pañuelo. Todos ríen y palmean las manos llevando el ritmo. A los pocos segundos las hermanas empiezan a cantar. Cuando ha comenzado el canto,* BERTINA *empuja a* EULOGIO *a bailar con* ORFILIA.)

LAS HERMANAS: –(*Cantando.*)
El beso, el beso de la soltera,
ay, ay, ay, no es como
no es como el de la casada;
porque la, porque la mujer con dueño,
ay, ay, ay, tiene la
tiene la boca salada,
ay, ay, ay, y el beso
el beso de la soltera.

Las solteritas tienen,
ay, ay, ay, miles de amores.
Tienen la boca dulce,
ay, ay, ay, como alfajores,
las solteritas tienen,
ay, ay, ay, miles de amores.

Como alfajores, sí,
ay, ay, ay, chicha con agua...
(*Risa general. La pareja deja de bailar.*)

ORFILIA: –(*Muy cansada.*) Yo creo que no resisto el otro

pie. ¡Pero si ya ni me acordaba cómo se bailaba esto!

EULOGIO: –Si baila muy bien usté. (FLORIDEMA y ZEL-
MIRA *entran en la casa, muy tristes.*)

ORFILIA: –¡Tan amable que es! Con su permiso. Bertinita,
m'hijita, venga pa'cá pa decirle una cosita.

LUZMIRA: –(*A* EULOGIO.) Déjelas que se secreteen y
venga a tomarse otra copita conmigo.

ORFILIA: –(*A* BERTINA.) Güeno, pues, mi linda, nos tenimos que' espedir.

BERTINA: –¿Por qué?

ORFILIA: –¡Se me cumplió el deseo!

BERTINA: –¡Se le cumplió!

ORFILIA: –Usté sabe, pues, lindita, lo buenita qu'era yo
pa la mistela. ¿Si acuerda cuando m'enfermé? Yo
pedía y pedía mi mistela, y ese viejo sapo del doctor
Retamales me la prohibió. Na de alcol, dijo. Y yo me
quedé con las ganas. Y hasta hoy día no me había
enterao. Cuando una es ánima piensa que una es
ánima por algo más importante, como lo suyo. Pero
no es na así. ¡Qué se le va a hacésele! Pero, ¿quiere que
le diga una cosa? No sabe lo bien que me sentí con
mil trago 'e mistela. Nunca me hey sentío mejor. Por
eso, niña, si está en su mano cumplir lo que quiere,
¡hágalo a ojos cerraos! Sin pensarlo dos veces, que no
se va a arrepentir nunca jamás... Y ahora me tengo
qu'ir pa'l cielo. No le 'iga na a su amigo. Hagamos
como que me voy pa la estación. ¡Lo qu'es el destino!,
¿no? ¡Nunca se puede saberse! Adiosito entonces...
¡Que le resulte! (*Se abrazan. En ese momento aparecen
en la puerta* FLORIDEMA y ZELMIRA. *La primera con una
chaqueta de* ORFILIA y *una maletita, la segunda con una
guitarra.*) Queo muy bonita así. (ORFILIA *se acerca a sus
hermanas, que le ayudan a ponerse la chaqueta. Cuando está*

lista se acerca a EULOGIO *y le da la mano.*) Mucho gusto, pues, joven. Me tengo que 'espeir porque me voy pa l'estación. Tengo que tomar un tren. Hasta lueguito.
EULOGIO: –Yo la voy a dejar en el caballo, si gusta...
ORFILIA: –No, gracias. Yo no me subo a una de esas bestias ni amarrá. No, si no se moleste. (*A las hermanas.*) ¡Ay, qu'es caallero!...
EULOGIO: –No pueo dejarla irse a pie.
ORFILIA: –¿Me va a llevar al apa? (*Todos ríen, pero las hermanas se enjugan los ojos a menudo.*) No, si yo no me voy por el camino. Me voy por el cerro, hago una cortá... Así que no se mueva de aquí. (ORFILIA *va a tomar su maleta. Se hace un silencio. Una de las hermanas empieza a rasguear la guitarra. Empiezan las cuatro a cantar una canción de despedida, mientras* ORFILIA *se va lentamente por el fondo, muy emocionada, y se pierde entre los árboles.*)

LAS HERMANAS: –(*Cantan.*)
Vide volar un palomo,
lo vide encumbrar el vuelo,
–*repite*–
y su voz y canto dicen,
que lo sigan para el cielo.
Jue mi paire y mis agüelos,
yo por ellos voy rogando.
La gloria m'está llamando
y la fe de Jesucristo.
Y eso es porque ya me voy.
Adiós a mis hermanitas.
–*repite*–
Adiós hermanas queridas.
Me voy pa tierras extrañas.

Bélgica Castro, Kerry Keller, Marés González, Carmen Bunster y María Cánepa. "Ánimas de día claro". 1962. ITUCH.

Adiós quien me bautizó
 y quien me hizo las entrañas.
 –*repite*–
Me llevara en su compaña,
 y ahora en este momento,
 no sé 'ónde iré a parar
ni 'ónde Dios me ponga asiento.
Ya se jue este palomito,
 se paró en el firmamento.
 –*repite*–

(*De pronto* ZELMIRA *deja la guitarra y entra corriendo a la casa.* FLORIDEMA *se va detrás de ella.*)

LUZMIRA: –(*Secándose los ojos.*) Nos va a tener que perdonar, Eulogio, pero mis hermanas son tan sentimentales... (*Sale detrás de ellas, llorando muy fuerte.*)

EULOGIO: –(*Mirando hacia donde se fue* ORFILIA.) No debí dejar que se fuera sola. Está oscureciendo. Capaz que se pierda.

BERTINA: –No se preocupe. No se va a perder..., además, no se habría podío subir al caballo. El caballo no habría querío... Los caballos... ¡Ay! Las leseras que digo. ¡Es al revés!

EULOGIO: –Es un caballo muy manso.

BERTINA: –Los animales son muy..., sienten las cosas en el aire.

EULOGIO: –Es un sexto sentío que tienen. Ven cosas que naide ve... (BERTINA *suspira profundamente.*) ¿Queó triste?...

BERTINA: –Un poco... Es qu'ella me 'ijo una cosa..., y debe ser cierto... Endenante usté me quería dar un beso.

EULOGIO: –Pero usté no quiso. Perdone el atrevimiento. Usté debe haberse creío que yo soy un fresco. Y no'es na cierto. Soy reserio, y usté me gusta..., y me gustaría seguirla viendo más a menúo, ahora que voy a ser di'aquí..., casi vecinos...

BERTINA: –¿No va a comprar la casa?

EULOGIO: –¿Cómo? No quisiera molestarlas por na en el mundo... Así que no crea que yo... (*Ella lo mira embelesada. Él se olvida de lo que estaba diciendo.*) soy un fresco... No..., yo... (*La coge de los brazos y la besa. Al separarse, ella está como paralizada, con los ojos cerrados. Conmovida y maravillada.*)

BERTINA: –(*Abre los ojos, lentamente.*) Valía la pena... Otra vez... (*Él la besa de nuevo. Ella cierra los ojos.*) Valía la pena.

EULOGIO: –¿Qué cosa?

BERTINA: –Esto, digo. Es tan lindo. ¿Va a venir mañana?

EULOGIO: –(*Tomándole la mano.*) Sí. Tempranito.

BERTINA: –Si no estoy...

EULOGIO: –¿Va a salir?

BERTINA: –Si no estoy..., ¡espéreme! Espéreme too lo que sea.

EULOGIO: –Aunque se demore cien años, cien años la voy a esperar.

BERTINA: –(*Casi no puede hablar.*) Aunque sean cien años,... me va a esperar...

EULOGIO: –Sí.

BERTINA: –Usté es güeno... (*Ríe.*) ¡Y no se puso turnio!

EULOGIO: –¿Por qué?

BERTINA: –¡Por el lunar! ¡Por el lunar! (EULOGIO *la besa en la punta de la nariz.*) Ojalá el sol se queara 'onde mesmo y no se moviera más. Y que nunca llegara la noche... No me gusta la noche. ¡Ya se ve una estrella! Allá... ¡Luna, no vengái toavía! ¡No quiero que pase el tiempo! ¡Quiero que too se quee como está ahora pa siempre! Y que este ratito... se haga largo, largo..., que dure..., mil años... (*Lo mira.*) Mañana...

EULOGIO: –Usté es tan diferente a las chiquillas de San
    Bernardo...
BERTINA: –Usté es el primero... y el último. Pero..., sobre
    too es... usté...
EULOGIO: –Me gustaría poder 'ecirle cosas tan bonitas
    como las que 'ice usté.
BERTINA: –¿Yo? ¿Digo cosas bonitas?
EULOGIO: –Muy bonitas.
BERTINA: –¿Y nunca se le van a olvidar, verdá?
EULOGIO: –Nunquita. Se lo juro.
BERTINA: –¿Ni cuando esté muy viejito y haya oído las
    cosas más lindas que se pueen oír?
EULOGIO: –¡Nunca!
BERTINA: –Pero el tiempo pasa y las cosas se borran. Yo sé.
EULOGIO: –Cuando no me acuerde de naa, me voy a
    acordar de lo que dijo ahora, toavía.
BERTINA: –¡Qué güeno! Y fíjese que yo no me acuerdo
    de lo que 'ije... Soy muy feliz, ¡muy feliz!
EULOGIO: –Me tengo que ir, ahora.
BERTINA: –Sí. Usté dice cosas feas...
EULOGIO: –Hasta mañana.
BERTINA: –Hasta mañana.
EULOGIO: –Gracias por too.
BERTINA: –No hay de qué.
EULOGIO: –Sí, hay de qué. Hasta luego. (*Sale.*)
BERTINA: –(*Agitando la mano.*) Hasta más rato. (*Entra*
    LUZMIRA.)
LUZMIRA: –Mi Bertinita, ¡te besó!, ¡te besó! Lo vi.
BERTINA: –Sí. Y no se puso turnio. Me besó y no se puso
    turnio... con el lunar. ¡Hasta le gustó! ¿Viste?
LUZMIRA: –¡Se te cumplió el deseo!
BERTINA: –Me besó..., y valía la pena.
LUZMIRA: –¿Vas a hacer tu maleta? Te vai a ir al cielo

Lucho Barahona y Bélgica Castro. "Ánimas de día claro". 1962.
ITUCH.

ahora. Detrasito de la Orfilia.

BERTINA: –Algo raro pasa…, parece que no me voy a ir… (*Mira hacia todos lados como esperando una señal, algo.*) Parece que lo que yo quería era otra cosa… (LUZMIRA *se demora unos segundos en comprender.*)

LUZMIRA: –¡Ah, no!... Pero eso sí que no lo podís hacer.

BERTINA: –¿Y por qué no?

LUZMIRA: –¡Porque soi ánima! (*Las luces se apagan bruscamente, marcando el final del primer acto.*)

TELÓN

Segundo acto

El día siguiente. El mismo escenario. El cielo está verde como si fuera a llover de un momento a otro. BERTINA *se pasea por el jardín, inquieta.*

BERTINA: –Es tarde ya... Ojalá no le haigan dicho naa en el pueblo. Norte claro..., sur oscuro..., aguacero seguro. ¡Esta noche va a llover! Esa es mala señal... ¡Luzmira!

VOZ DE LUZMIRA: –¿Qué?

BERTINA: –¿Por qué no llegará? Capaz que llueva y entonces sí que le va a costar venir.

LUZMIRA: –(*Saliendo de la casa.*) Esta noche va a llover.

BERTINA: –¿Tú creís que le habrán dicho algo en el pueblo?

LUZMIRA: –A lo mejor...

BERTINA: –Pero él no cree en esas cosas.

LUZMIRA: –Algún día se irá a dar cuenta.

BERTINA: –(*Suspirando.*) ¡Ay! Ahora, aunque quisiera, no me voy a poder d'ir al cielo.

LUZMIRA: –Yo hei estao pensando en eso...

BERTINA: –¿Y qué habís pensao?

LUZMIRA: –Que si tú querís algo..., de verdá... Tenís que conseguirlo... Tratar, por lo menos.

BERTINA: –Yo tamién pensé toa la noche... Él es güeno, parece que me quiere. Cuando la Orfilia me 'ijo qu'iun deseo cumplío era lo mejor, yo me decidí a..., hacerlo. Pero es qu'iahora es mucho más complicá la historia. Ahora... me enamoré.

LUZMIRA: –¡No'stís tontiando!

BERTINA: –Me enamoré. No me di cuenta cuándo.

LUZMIRA: –Pero no hay na que hacer.

BERTINA: –No sé... Tiene que haber un modo.

LUZMIRA: –Nosotras somos di'otro mundo... Del otro...,

d'este..., es decir, no poh..., del otro..., ya se me armó el enreo otra vez.

BERTINA: –Tiene que haber una manera. Yo creo que tiene que haber.

LUZMIRA: –A lo mejor hoy día no lo sabe, pero mañana lo va a saber. Será mejor que se lo digái too.

BERTINA: –Si lo llega a saber..., güeno, qué se le va'hacer, pero por mí..., que dure..., aunque sea un ratito más..., una horita...

LUZMIRA: –Él es de carne..., tú eres de aire.

BERTINA: –Me dio un beso y jui de carne otra vez.

LUZMIRA: –No digái blasfemias que Dios te va a castigar.

BERTINA: –(*Se arrodilla lentamente.*) Señor Diosito..., usté me metió en esto... Usté me tiene que sacar... (*Truenos lejanos.*) No sé, pues; usté sabrá... Yo nunca le pedí naa pa mí... Pero ahora, es el tiempo 'e los damascos, Diosito..., y los árboles van a florecer...

LUZMIRA: –Los árboles están secos.

BERTINA: –Yo estoy seca, tamién, como los árboles de la quinta..., pero, a veces, ocurren milagros, Diosito...

LUZMIRA: –Los damascos están secos, Bertinita. Ya nunca más darán flores..., ni damascos... Nunca más... No puee ocurrir.

BERTINA: –Es tarde y él no llega.

LUZMIRA: –Ya no va a venir.

BERTINA: –La Floridema sacó el arpa y la guitarra, pa entretenerlo... Y el ingrato no vino... ¡Chist...! (*Se quedan escuchando, a lo lejos se oye el trote de un caballo.*) Es él... Luzmira. ¡Es él, que viene!

LUZMIRA: –Él es... Voy a dejarte sola con él un ratito entonces. Después vengo.

BERTINA: –Eres muy regüena conmigo... Nunca más vamos a peliar...

LUZMIRA: –Chiquilla diabla... (*Ríe y sale.*)

BERTINA: –(*Espera ansiosamente, adelantándose a recibirlo.*) Eulogio...

EULOGIO: –(*Entrando.*) Güenas tardes, Bertinita.

BERTINA: –Güenas noches será, pues... ¡A las horas que viene! Y ayer tanto que rejuraba qu'iba a llegar tempranito.

EULOGIO: –Es que no sabe na lo que me pasó. Me hei andao escapando del aturdío de mi primo, el Indalicio Tapia. Le dio con que yo estaba embrujao; me quería llevar onde una señora medio rara qu'hay allá, Oña Vicenta.

BERTINA: –(*Alarmada.*) ¿Oña Vicenta?...

EULOGIO: –Esa mismita. 'Icen que's reentendía en cosas d'iaparecíos. Y querían que juera. Miren si serán... (*Hace un gesto dando a entender que son unos babosos.*) Total, que too se golvió pura discusión, él me 'ecía que juera, yo que no'iba, y en este tira y afloja se le ocurrió ir a buscar a la señora esa, entonces yo aproveché pa venirme volando. Así que perdóneme, no sea malita.

BERTINA: –No vaya onde Oña Vicenta. Es medio bruja..., dicen... La Luzmira... Mi agüelita no la puee ni ver, se lo pasaban peliando.

EULOGIO: –¿Por qué?

BERTINA: –¡Porque es tan remetete! Desde chica jue así... Dicen. Ésa nació pa bruja... ¡No vaya na, será mejor!

EULOGIO: –No, si no voy a ir na. Y el tonto 'el Indalicio, que me rejuraba que había visto un ánima aquí. Una viejita. Y yo le 'ecía que no había una, que habían cuatro... Y él me 'ecía: ¡No, pus Eulogio, si son cinco! Pobre cabro, parece que está medio trastornao. Es que son esas cosas que le meten en la cabeza a la gente. Y después, pueen morirse jurando que son ciertas... Y usté, ¿cómo ha estao?

BERTINA: –Aquí, pues... Esperándolo. Soy tan relesa que cuando usté dijo qu'iba a venir tempranito, l'entendí qu'iba a venir en la mañana. Así que de la mañana que lo estoy esperando.

EULOGIO: –De la mañana que me'stoy viniendo tamién... Le traje un engañito.

BERTINA: –Pa qué se jue a molestar, ¿qué es?

EULOGIO: –Una leserita, no más..., a ver si me perdona... (*Ella abre el paquete y saca una figurita típica del lugar, una cerámica pintada de colores vivos. Es una pareja que va a caballo.*) Ésa es usté, y ése soy yo..., y ése es el "Ñato". Mi caballo se llama Ñato... Güeno, nu es mío, pero... ¿Qué pasa? ¿Qué tiene? (BERTINA *examina cuidadosamente la figurita.*)

BERTINA: –¡Floridema! ¡Venga un ratito! ¡Floridema!

VOZ DE FLORIDEMA: –Allá voy, niña.

EULOGIO: –¿Qué pasó? (*Entra* FLORIDEMA.)

FLORIDEMA: –¿Me llamaban? Porque la Luzmira me dijo que no viniera a molestar.

BERTINA: –Mira. (FLORIDEMA *queda hipnotizada por la figurita, se acerca a* BERTINA *y la coge.*)

FLORIDEMA: –¡Mi monito! Mi monito. ¿Di'ónde lo sacaste, m'hijita?

BERTINA: –Me lo trajo Eulogio del pueblo.

FLORIDEMA: –(*a* EULOGIO.) Lo'hice yo.

EULOGIO: –¡Usté!

FLORIDEMA: –Yo mismita lo'hice, con estas manos que usté ve. Es la mejor de toas. Naide l'ha mejorao. ¡Ay! Qué gustazo más grande. Era lo que más quería. Se jue regüelto con los otros, pa la venta, mi'hermana no sabía. Y cuando lo jui a buscar, ya lo habían vendío. Y ahora... Ahora está aquí otra vez..., con su "mamá"... Perdone, pero, Bertinita, m'hijita, ¿le pueo decir una cosita? Con su permiso, joven...

EULOGIO: –Suyo... (*Las hermanas se apartan.*)

FLORIDEMA: –(*Sin saber cómo decirlo.*) Güeno, pus, mi linda, nos tenemos que'espedir.

BERTINA: –Me lo'staba figurando... Pero a lo mejor no quería irse... y yo tengo la culpa...

FLORIDEMA: –¿Cómo se le ocurre m'hijita? Jue tan grandazo el gusto que me dio. Desde que lo'hice, nunca había tenío un gusto tan grandazo. Vale la pena. Acuérdese de mí. No sea ingrata, no me olvide...

BERTINA: –Nunca la voy a olvidar, hermanita.

FLORIDEMA: –(*La besa.*) Al joven digámosle que tengo que ir al gallinero...

BERTINA: –¡Si ya no hay gallinero!

FLORIDEMA: –Pero él no sabe na eso. (*La vuelve a besar. Se dirige hacia* EULOGIO *y le da la mano.*) Mucho gusto di'haberlo conocío, joven. Voy a ir al gallinero. Con su permiso de usté. (*Cuando llega a la puerta de la casa, se vuelve y levanta la figurita.*) Gracias..., gracias a los dos... (*Sale.*)

BERTINA: –Oiga, Eulogio, ahora es usté el que me tiene que perdonar a mí.

EULOGIO: –(*Un poco sentido, pero exagerando su estado de ánimo para que ella lo regalonee.*) ¿De qué?... Usté es dueña...

BERTINA: –Es que era lo que ella más quería, ¿sabe? Era..., era como si a usté me lo quitaran a mí. Por eso tuve que devolvérselo. Después me trae otra cosita y la voy a guardar como reliquia, se lo juro... No sea malo, pues... Dígame qu'entendió.

EULOGIO: –Usté es dueña, pues.

BERTINA: –¡Ya se me amurró ya! (*Se apega a él, poniéndole una cara divertida. Él sonríe.*) A ver, ¡réteme! Dígame que soy mala, qu'iando botando sus regalos... Se va a sentir rebién después.

EULOGIO: –Usté..., anda regalando mis regalos...

BERTINA: –Ya, pues, diga que soy mala, ahora.

EULOGIO: –...Es malita...

BERTINA: –(*Chinchosa.*) ¡Qué'es usté, oiga!

EULOGIO: –Mañana le voy a traer otra cosa y d'esa sí que no se va a poder librar.

BERTINA: –¿Qué me va a traer? Dígame..., dígame...

EULOGIO: –Hoy no se lo púe traer porque como es domingo, lo único que había abierto era la pastelería.

BERTINA: –¡Ay!, ¿qué será?

EULOGIO: –Adivina, güen adivinaor...

BERTINA: –Pero, ayúeme un poquito, siquiera.

EULOGIO: –No tiene fin ni principio,
reondo como una ruea,
es del metal más precioso,
onde se pone, ahí se quea.

BERTINA: –¡Ah, ya sé!... (*Sorprendida repentinamente.*) El anillo...

EULOGIO: –Un anillo, eso mismito.

BERTINA: –(*Nerviosa.*) ¿Pa qué?

EULOGIO: –Pa que se comprometa conmigo.

BERTINA: –Nos conocimos ayer, no más.

EULOGIO: –Y a lo mejor, mañana nos casamos. Y así compro la casa y vivimos toos juntos.

BERTINA: –No va a poer ser.

EULOGIO: –¿No quiere?

BERTINA: –No va a poer ser tan luego... Estas cosas no se pueen hacer tan apurás.

EULOGIO: –Si hay qu'esperar, yo espero. Pero, ¿usté me
    quiere?
BERTINA: –Claro que lo quiero..., ¿pa qué se hace el tonto
    cuando se me nota a la legua?
EULOGIO: –A mí sí que se me nota.
BERTINA: –A mí se me nota más.
EULOGIO: –Entonces, ¿se va a casar conmigo?
BERTINA: –No va a poer ser tan luego...
EULOGIO: –Yo la espero. Y la quinta la poemos arreglar
    juntitos.
BERTINA: –Los damascos están secos... Pero se pueen,
    plantar otros nuevos... ¡se dan tan grandes!
EULOGIO: –¡Ah! Se me olvidaba... Mañana voy a ver los
    terrenos, esos que me dijo usté ayer, ¿si'acuerda?
    Como este terreno es tan rebarato, a lo mejor me
    alcanza pa los dos.
BERTINA: –¿Tanta plata tiene?
EULOGIO: –Es que mi viejito tenía dos casas, y las dos
    las vendí... ésta es mi tierra, y aquí quiero trabajar.
BERTINA: –La tierra d'iuno, es la mejor. (*Entran* INDALI-
    CIO *y* NANO *sin que* EULOGIO *y* BERTITA *se den cuenta.*)
NANO: –'Ío te 'ije qu'iba estar aquí.
INDALICIO: –Y ésa, ¿quién es?
NANO: –No es na del pueblo.
INDALICIO: –Pero ésa sí que no'es ánima.
NANO: –¿Cómo sabís?
INDALICIO: –¿Qué te 'ijo Oña Vicenta?
NANO: –Que si había alguna con un lunar en la punta
    'e la nariz, era seña qu'eran toas finás.
INDALICIO: –¿Y ésta tendrá? ¿Tú la veís?
NANO: –¿Cómo la voy a ver, pus tonto? ¿No vis qu'está
    dando la' espalda pa'cá?
INDALICIO: –Güeno, ¿vamos?

NANO: –¿Y si no’es? Capaz que el Eulogio nos pegue. A lo mejor se quearon d’iencontrar aquí pa’estar solos... y le vamos a embarrar el pastel. Mejor nos degolvimos.

INDALICIO: –Pero Oña Vicenta está esperando toos los informes... Algo le vamos a tener que’ecir...

NANO: –Güeno, ¿y quí’hacimos?

VOZ DE LUZMIRA: –(*De la casa.*) Niña, venga un ratito.

BERTINA: –Voy y güelvo... (*Le da un beso rápido y sale.*)

NANO: –Hay alguien en la casa... Vive aquí.

INDALICIO: –Si es qu’está viva. (*Se acercan a* EULOGIO.) Oye, Eulogio, ¿pa qué te viniste sin avisar...?

EULOGIO: –No vis qu’iba a estar discutiendo leseras too el día, tal vez...

NANO: –Oña Vicenta ‘ijo que...

EULOGIO: –¡Pucha cay! Déjense di’hablar de esa vieja loca de una vez por toas. Cualquiera creería qu’es... ¡qué sé yo qué! Seúro que no hace más que’ecir inorancias, dándoselas d’entendía... y toos los lesos ahí, con la jeta abierta...

NANO: –Es que es reentendía...

EULOGIO: –¿En qué?

NANO: –En estas custiones, pues...

EULOGIO: –(*Impaciente.*) ¿En qué custiones...?

NANO: –En éstas de aparecíos.

EULOGIO: –Aquí los únicos aparecíos son ustedes dos, y se me van a disaparecer altirito si no quieren rosca.

INDALICIO: –Es por tu bien qu’i venimos.

EULOGIO: –Y por mi bien que se van a ir trotando. ¡Ya!... ¡Se jueron! (NANO *e* INDALICIO *salen.*)... ¿Di’ónde salieron...? ¡Ni que jueran pacos, éstos...! (INDALICIO *y* NANO *entran otra vez.*)

NANO: –Oye, ¿esa cabra... esa con qu’estabai recién?

¿Tiene un lunar en la punta 'e la nariz?

EULOGIO: –Sí. ¿Y qué hay con eso?

NANO: –(*Paralizado.*) Es qu'ella, entonces...

EULOGIO: –(*Enojado.*) ¿Qué pasó con ella?

INDALICIO: –Na, no es na. Vámonos, oye. Apúrate. Vámonos luego, será mejor...

NANO: –¡Es un ánima! ¡Te lo juro por mi taitita!

EULOGIO: –¡Puchas Diego! ¿Qué tienen que meter el hocico en esto?

NANO: –(*Cuchicheando a* INDALICIO.) ¡Ta embrujao! ¡Ta embrujao! (EULOGIO *los empuja hacia afuera.*)

EULOGIO: –¡Ya, saliendo! No quiero que salga alguien y los oiga diciendo tantas leseras... ¡par de burros! ¡Ya! (*Salen los tres.*)

FLORIDEMA: –(*Asomándose.*) Se jueron. (*Sale con una maletita de mimbre, detrás de ella* ZELMIRA *con una maleta igual.* FLORIDEMA *la toma de la mano.*) ¿Ta segura que se quiere ir...?

ZELMIRA: –Claro, pus, hermana; si aonde vaya usté, voy yo. Eso se calla por sabío. Y ahora qu'el viaje es largo, con mayor razón la sigo. Si yo me queé acompañándola no más... 'Tamos tan acostumbrá la una con l'otra... Cuando usté es feliz, yo soy feliz tamién.

FLORIDEMA: –¿Se despidió?

ZELMIRA: –De la Bertinita y de la Luzmirita ya me despedí. La Luzmirita tenía mucha pena pa salir a espedirme, dijo.

FLORIDEMA: –Entonces, vamos.

ZELMIRA: –Cuando usté diga. (*Se van juntas hacia el fondo, seguidas por un rayo de luz plateada que cae sobre ellas, y se pierden entre los árboles.* BERTINA *sale y las busca por todos lados. Saca su pañuelo y lo agita hacia el bosque y luego hacia el cielo.*)

BERTINA: –¡Güen viaje, güen viaje! ¡Las voy a recordar...! ¡Güen viaje! (*Entra* EULOGIO *y ella lo siente de inmediato, y guarda el pañuelo apresuradamente.*)

EULOGIO: –¿A quién le hacía señas?

BERTINA: –A... a mi agüelita. ¿Vio el sol? Apenas cayó un rayo de luz y luego se golvió a cerrar el cielo... Esta noche va a llover. No me gusta na la lluvia.

EULOGIO: –Cuando llueva, vamos a hacer picarones y sopaipillas en arrope, y vamos a encender un brasero que caliente toa la casa. Y vamos a tener un perro pa cuando yo vaya a cazar perdices y un gato pa que pelee con el perro. La jaula tendrá hartos canarios y...

BERTINA: –Pero lo mejor es que vamos a plantar de nuevo la quinta. y los árboles se van a llenar de flores... Damascos..., naranjos... y cirgüelos.

EULOGIO: –¿Las cirgüelas tamién se dan grandes?

BERTINA: –¡Grandazas!

EULOGIO: –Y cirgüelas, entonces... Pero hay otra cosa más importante que los cirgüelos...

BERTINA: –¿Qué...?

EULOGIO: –Las guaguas. Vamos a tener guaguas.

BERTINA: –Sí... (*Trata de disimular su pena, pero no puede.*) ¡Ay, no pueo mentir...! No pueo soñar con lo que no va a ser nunca... ¡Ay! Diosito lindo, ¿qué voy a hacer? ¿Qué pueo hacer? (*Sigue llorando desconsolada, y* EULOGIO *trata de calmarla.*) ¿Por qué me tuvo que pasar tan tarde?

EULOGIO: –No llore, m'hijita, no llore... Too se va a arreglar.

BERTINA: –No se va a arreglar nunca... No se va a arreglar...

EULOGIO: –Voy a estar siempre con usté.

BERTINA: –(*Entre sus lágrimas.*) ¿Siempre...?

EULOGIO: –Toa la vía.

BERTINA: –¿Y después...?

EULOGIO: –Y después 'e la vía, tamién... ¡Como en los cuentos!

BERTINA: –¿Como la durmiente esa, que la 'espertaron con un beso?

EULOGIO: –Como esa mesma.

BERTINA: –¿No me va a hacer tonta...? ¿No me va a engañar?

EULOGIO: –¡Cómo se l'ocurre...! (*Le da su pañuelo.*)

BERTINA: –Cosas qu'iuna sabe di'otras gentes, pues. Pero qué se le va a hacerle, como 'ecía la Orfilia. Paré que los hombres nacieron pa ser infieles y las mujeres pa'esperar. Las cosas son así, y así van a ser hasta qu'el mundo si'acabe. Y una, ¡la tonta lesa!..., esté como esté..., siempre cae.

EULOGIO: –Y ahora cuénteme por qué lloraba. Voy a ser su marío y tengo derecho a saberlo.

BERTINA: –Ya ni me acuerdo. (*Sonríe.*) Porque too parecía tan bonito será... Y las cosas nunca resultan como una quiere... (*Entra* LUZMIRA, *triste.*) Anímate, anímate..., no'stís tristona.

LUZMIRA. –Es qu'el día, está que se larga a llover.

EULOGIO: –Señora Luzmira... ¿Le pueo 'ecir "agüelita"?

LUZMIRA: –¿A mí? ¿Agüelita...? ¿Y por qué?

EULOGIO: –Es que..., mire... Me cuesta 'ecirlo así de repente. Me quiero casar con su nieta.

LUZMIRA: –¿Con mi nieta? ¿Qué nieta?

EULOGIO: –Con la Bertinita.

LUZMIRA: –(*Mirándola.*) ¡Ah!

EULOGIO: –Yo sé qu'es muy de repente, pero esta noche lo consulta con la almohá y mañana me contesta. Y el anillo lo traigo 'e toos moos, por si acaso.

LUZMIRA: –Bertina, ¿no le habís dicho na...?

BERTINA: –No, pero se lo digo al tiro... (*Fresca.*) Mire, ¿por qué no se quea a alojar aquí? Hay una pieza pa las visitas que no se ocupa hace un lote 'e tiempo.

LUZMIRA: –(*Severa.*) Desde lo de la Eduvigis, niña. (*A* EULOGIO.) La Eduvigis era una hermana de nosotras que tuvo un mal paso. Nosotras éramos seis.

EULOGIO: –¿Seis?... ¡Bah!... Me suena eso... Seis... Alguien dijo algo sobre... No me...

BERTINA: –Güeno... ¿Se va a quear o no? Capaz que lo pille el aguacero por el camino.

EULOGIO: –¿Cómo le voy a 'ecir que no a usté? (*Ella sonríe coqueta.*)

LUZMIRA: –¿Entremos?

BERTINA: –Toavía no, que s'escurezca un poco más... ¿Agüelita?...

LUZMIRA: –(*Muy abuelita.*) ¿Sí, m'hijita?

BERTINA: –¿Por qué no nos canta una d'esas canciones que usté sabe?

LUZMIRA: –No. ¿Pa qué le voy a echar a perder la tarde al Eulogio?

EULOGIO: –Por favor, agüelita..., cante, por favor.

LUZMIRA: –Güeno, ya que me lo píe. A ver, niña, pásame la guitarra. (BERTINA *le pasa la guitarra y acerca una silla en la que* LUZMIRA *se sienta y empieza a rasguear.*) ¡Allá voy! ¡Me jui! (*Canta. La canción es un antiguo vals.*)

Voy a partir no sé ni para dónde.

Donde nadie jamás sepa de mí.

El besito que me diste en la partida

de mis labios jamás se borrará.

Nosotros nos juramos amores con delirio,

sea en esta vida o en la eternidad.

Cumple tu promesa que yo te correspondo,

sin olvidarte un instante jamás. (*Repite el último
verso.*)
Adiós, adiós, paloma de mi vida;
ha llegado el momento de partir.
Tu recuerdo lo llevo aquí en mi alma,
tu recuerdo será mi porvenir.

Nosotros nos juramos amores con delirio..., etc.
(*Cuando está mediando la canción, aparecen por el lado
del camino, sin que* BERTINA, LUZMIRA
ni EULOGIO *se den cuenta,* INDALICIO, NANO
y OÑA VICENTA, *que viste de negro y tiene algo de
pajarraco maligno. Se quedan agazapados detrás
de la verja.*)

OÑA VICENTA: –¡Ay, Dios mío y la Santísima Virgen!...
¡Pero si son las niñas González!
NANO: –¿Quiénes?
OÑA VICENTA: –Las González, las hermanas González.
¡Eran muy famosas por sus figuritas de grea pintá!
Y un día se empezaron a morirse una detrás de otra,
de puro viejas que estaban.
INDALICIO: –¿Y la cabra esa?
OÑA VICENTA: –Esa es la menor, seguramente, la Berti-
na, la que tenía un lunar en la punta 'e la nariz. Por
eso no se casó.
NANO: –¿Y qué vamos a hacer ahora? ¿Les va a lanzar
un conjuro?
OÑA VICENTA: –Ahora van a ver lo que voy a hacer.
(*Avanza hacia el grupo y la canción se interrumpe brus-
camente.*) Oiga, señorita González, con usté quiero
hablar. (BERTINA *se asusta y* LUZMIRA *contempla a*
OÑA VICENTA, *sin inmutarse.* OÑA VICENTA *habla en*

un tono agudo y desagradable. Insolentemente.) Venía a 'icirle que dejen dirse al Eulogio, qu'es un cabro, y no sabe na d'estas cosas. ¡Y les conviene obedecer!

EULOGIO: –Ya llegaron éstos otra vez. ¿Y ustedes qué hacen aquí? ¿Quién es esta iñora?

INDALICIO: –Es Oña Vicenta.

EULOGIO: –¿Y qué les dio por traerla? ¿Tan locos toos... ?

OÑA VICENTA: –Oiga, mire, yo le voy a 'ecir lo que pasa aquí...

BERTINA: –(*Interrumpiéndola con ansiedad.*) No le 'iga na, Oña Vicenta, por favor, ¿quiere? Dígaselo más ratito, pero ahora no. Oña Vicenta, no se lo 'iga ahora. Él se va a ir con usté, y yo no lo voy a ver más... Yo no le 'eseo ningún mal. Me quiere... ¡Me besó y no se puso turnio con mi lunar!

EULOGIO: –¿Por qué no me vas a ver más...? Y esta vieja, ¿qué tiene que meterse en mis cosas...? ¿Qué es lo que no quieres que me diga?

BERTINA: –(*Suave.*) Callaíto..., callaíto...

OÑA VICENTA: –Toos te 'ijeron qu'eran ánimas, chiquillo leso..., y no quisiste creer, ¿ah? Güeno, ¿vis?

EULOGIO: –(*Ha retrocedido un poco hacia el lado donde están sus amigos y* OÑA VICENTA, *inseguro, mirando a* BERTINA.) ¿Qué cosa?

OÑA VICENTA: –Se murieron y'están retenías en la tierra por la juerza di'un deseo. ¡Eso es!... Pero no te preocupís, que yo te voy a salvar. (*Se ha acercado a él, poniéndole una mano en el hombro. Más reptil que nunca.*) Aunque'el remedio es complicado, vai a quear sanito. (*Como loro.*) Primero te tenís que dar tres baños di cuerpo entero con bailagüén, romero 'e la tierra, cañafístula hervía con tronco 'e maíz,

quintral 'el quisco y flor de las tres pieiras. Después
tenís que salir a un lugar en qui'hayan cuatro esqui-
nas llevando una cáscara 'e huevo recién 'esocupá
y una rama 'e contra yerba, mientras yo preparo la
infusión... Se pela un ratón, se le 'ejan las uñas y se
hace hervir con coquitos 'e gallo y bosta 'e caballo
fresca con azúcar quemá y...

LUZMIRA: –¡Hay que ver qu'es bien lesa esta mujer!, ¿no?

BERTINA: –No me mirís así, Eulogio... Soy yo..., la Bertina... No hei cambiao na... (*Le toma la mano, pero él
retrocede, asustado. Ella lo suelta y se quedan los dos
mirándose, inmóviles.*)

OÑA VICENTA: –¡Ah, menos mal qu'entendiste por fin!
¡Hay que borrar 'e la tierra toas estas cosas!

LUZMIRA: –¡Ahora m'acuerdo cuál era mi deseo...!

OÑA VICENTA: –¿Las tocaste a las dos? 'Icen que son
di'aire y que la mano puee pasar a través d'ellas. (*Se
acerca a* LUZMIRA *con la mano extendida.*)

LUZMIRA: –(*Dándole una gran bofetada.*) Pa que veái que
no soy di'aire... De chica erai metía y envidiosa, vieja
bruja. Y para que te enterís ya no soy ánima porque
cumplí un deseo acumulao durante años... ¡Pegarte,
vieja envidiosa y metete! ¡Y ándate al tiro si no querís
que te ligue un palo en la caeza! Y ustees, bichos ra-
ros, ni que jueran hijos d'ella... ¡Ya, se jueron, mierda!
(*Se dirige amenazadoramente hacia* OÑA VICENTA *y, de
repente, les grita para asustarlos.*) ¡Buuuuuu! (OÑA VI-
CENTA *sale corriendo, seguida de* NANO *e* INDALICIO, *que
gritan.*) ¡Y amenazando encima, la tal por cual! ¡Ay!
Pero nunca mei'sentío mejor. Renunca, renunquita...
Como si me hubieran descargao un saco y juera una
chiquilla di'ocho años... Pero, por otro lao, y eso es lo
malo, te voy a tener que'ejar sola, mi niñita...

BERTINA: –(*Que no deja de mirarse con* EULOGIO.) Si no importa...

LUZMIRA: –(*Dándose cuenta de la situación, trata de hacer algo.*) Desde qui'usté llegó, joven, desde ayer, ha ocurrío lo que no ocurrió en veinte años, o más... Nunca puee saberse lo que va a pasar. Figúrese que cuando la Bertinita me 'ijo qui'usté le gustaba tantazo, yo le 'ije que no podía ser, pero ahora..., en fin, ¿no?..., ahora la entiendo, porqui'aunqu'ella no sea igual qui'usté, qu'es de carne y güeso, tiene l'espíritu. Y eso es reimportante. Es lo más importante, 'igo yo, de puro inorante, a lo mejor... Y perdóneme lo metía que soy, pero... como me voy a ir, ahora... Voy a'arreglar mi maleta... Hasta luego, entonces... Con su permiso. (*Sale.* EULOGIO *y* BERTINA *continúan inmóviles, mirándose.*)

EULOGIO: –¿Así qu'es verdá?

BERTINA: –Sí.

EULOGIO: –Y no me lo había 'icho.

BERTINA: –¿Me habría creío usté si se l'hubiera 'icho?

EULOGIO: –(*Después de una pequeña pausa.*) No.

BERTINA: –¿Pa qué se lo'iba a 'ecir, entonces?

EULOGIO: –Tamién es cierto.

BERTINA: –Y si me l'hubiera creío, si habría ido... ¡Y yo no quería que se juera por na en el mundo!

EULOGIO: –No se lo hubiera creío.

BERTINA: –Yo... Yo quería'star con usté. No quería hacerle ningún mal; quería verlo contento too el tiempo... Yo l'iba a 'ecir. A caa rato... Pero no tenía juerza para separarme di'usté... ¿Pa qué le 'igo too esto, cuando ya lo sabe...?

EULOGIO: –Sí.

BERTINA: –Y ahora ya lo sabe too.

EULOGIO: –Sí.

BERTINA: –(*Un lejano sonido cristalino. Los dos miran hacia arriba.*) Se jue... La Luzmira se jue... Adiosito.

EULOGIO: –Es una estrella que sube.

BERTINA: –Es la Luzmira. (*Están muy juntos. Se miran.*) Se jue.

EULOGIO: –Se jue.

BERTINA: –¿Toavía me tiene mieo?

EULOGIO: –No...

BERTINA: –Váyase no más. Y gracias por too.

EULOGIO: –No hay de qué.

BERTINA: –Sí, hay de qué.

EULOGIO: –Gracias a usté, tamién... Y perdone...

BERTINA: –¿Qué le voy a perdonar a usté? Usté tiene que perdonarme.

EULOGIO: –Lo de endenante, cuando supe que... Cuando yo me muera...

BERTINA: –¡Ay! ¡No diga esas cosas, por Diosito!

EULOGIO: –Cuando me muera, voy a volver aquí. (*Trata de sonreír.*) Voy a ser un ánima, ¿sabe?... Me voy a quear aquí abajo,"retenido por la juerza de un deseo".

BERTINA. –(*Feliz, sin poder creerlo.*) ¿De veras?

EULOGIO: –Sí.

BERTINA: –Aquí voy a estar esperando... esperándolo a usté.

EULOGIO: –Me voy a demorar.

BERTINA: –Demórese, no más. Si va a venir, no importa que se demore. Lo espero, lo que sea...

EULOGIO: –Mientras tanto, me voy a dedicar a plantar y a sembrar...

BERTINA: –Plante damascos; ¡se dan muy bonitos por estos laos!

EULOGIO: –Eso voy a hacer.

BERTINA: –Y cirgüelos.

EULOGIO: –Cirgüelos tamién.

BERTINA: –Güena cosecha, entonces.

EULOGIO: –Gracias. Hasta más ratito.

BERTINA: –(*Se demora en contestar*.) Hasta más ratito, Eulogio. Aquí voy a estar. (*Se miran*.) ¡Güen dar, que nos cuesta despeírnos!, ¿no?

EULOGIO: –Así es... Es que hay tanto que 'ecirse...

BERTINA: –Le doy permiso pa que tenga pecaítos, como su papá; pero na serio, ¿ah?... Acuérdese que me juró amor eterno..., y el amor eterno dura. Así es que, haga como qu'es viúo, como que nos casamos, a ver... (*Saca dos hojitas, y le envuelve un dedo*.) Ése es su anillo, un anillo de hoja de menta. (*Se hace el suyo. Lo toma de la mano y se arrodillan*.) Hasta después de la muerte y para los siglos 'e los siglos, amén...

EULOGIO: –Amén. Mi anillo se va a gastar.

BERTINA: –Pero las mentas no, ni mi amor...

EULOGIO: –Me voy a demorar...

BERTINA: –No importa. Lo güeno es que no importa que pase el tiempo. Estoy reseúra... ¿Qué pasa? Usté no puee llorar. Usté es hombre...

EULOGIO: –Tengo mieo... (*Apoya su cabeza en la falda de* BERTINA.)

BERTINA: –¿De qué?

EULOGIO: –Del tiempo... Yo soy de carne y güeso. Soy más débil. Pueo cambiar... Pueo olvidarme de usté, pueo dejar de quererla... Tengo mieo del tiempo... ¡Y yo la quiero!..., podría morirme por usté..., pero después..., no sé, no sé na. Y es tan fácil juntarnos...; en la casa... hay un rifle..., cerrando los ojos...

BERTINA: –No... Es como el cuento, tiene que cruzar

Bégica Castro. "Ánimas de día claro". 1962. ITUCH.

too el bosque espinoso pa llegar onde la Urmiente. Ella va a estar esperándolo... Y, además..., el bosque espinoso nu es tan terrible... ¿Sabe lo que hizo el príncipe?... Na. Se metió pa'entro no más, sin miedo... La vía es güena, si uno quiere, la vía es güena... Los jardines se pueen plantar de nuevo, y las casas se pueen golver a pintar. Pero el verdadero, el verdadero amor, ése es uno solo... Yo no tengo mieo por usté, Eulogio. 'Entro di'ochenta años, usté va a golver aquí con su mismo amor de ahora, porque'es así... El amor no se gasta... La cabeza, los dedos se pueen gastar; pero el amor, el verdadero amor, ese no... Por eso, no llore, pues. Hemos lagrimeao 'e lo lindo hoy día. No hace falta que llueva..., tenimos regao too el jardín... Y ahora, se va a ir contento, con el corazón hinchao como una casa..., se va a acostar y va a soñar conmigo. Y mañana..., como el príncipe, se va a meter pa'l bosque, sin mieo... Y cuando se le clave una espina, ¡hágase el leso! Se salen solas... La Urmiente va 'star despierta con el corazón hinchao como una casa..., de gusto..., de gusto... Hasta entonces, y güena cosecha... (*Se levantan.*) Acuérdese de los damascos.

EULOGIO: –Me voy a acordar di'usté... Es lo único que voy a hacer.

BERTINA: –Adiosito.

EULOGIO: –¿Le pueo dar un beso?

BERTINA: –(*Con un hilo de voz.*) Sí. (*Le da un beso en el lunar, en la punta de la nariz.*)

EULOGIO: –Hasta más ratito, entonces. Ojalá qu'el tiempo pase ligerito.

BERTINA: –Aunqui'una no quiera, el tiempo pasa ligerito de toos moos. No importa esperar cien años, cuando hay algo güeno que esperar... Hasta más ratito. (*Él sale lentamente, y desde la puerta le vuelve a decir adiós tan despacio, que no se oye. Ella le contesta del mismo modo.*)... ¡Luzmira! ¡Luzmira! Va a llover esta noche, ¡qué güeno!, es güenaza la lluvia... ¡Luzmira! (*Es casi de noche.*) De veras que se jue... Se tuvo que'ir, y no se atrevió a molestarnos... Te quiero, Luzmira..., estís donde estís... ¡Hasta luego!... Pero, ¿qué pasa?... ¡Orfilia, Floridema..., Luzmira!... ¡Eulogio!... Los árboles... Los árboles de la quinta, ¡los damascos!... ¡Están llenos de flores...! ¿Ven?... ¿Ven?... ¡Están llenos de flores...! (*Las cortinas se cierran.*)

FIN

Parecido a la felicidad

Comedia en dos actos

PERSONAJES

Olga

Hjalmar, el gringo

Regina

Víctor

Primer acto

Al abrirse el telón, la escena está casi totalmente a oscuras. Sólo se ve, proyectada sobre el techo de una habitación, la luz de un farol que está varios pisos más abajo. Suena el timbre de un despertador, que es rápidamente detenido. Una mujer se levanta de una cama que empieza a vislumbrarse a la izquierda del escenario y abre una puerta junto a la cama, en el primer plano. Sale y enciende la luz de la habitación vecina, el baño, iluminando el pequeño departamento. Se ve la cama, donde un hombre desnudo duerme de espaldas al público, y el velador. A la derecha: la puerta de entrada, una mesa pegada a la pared, dos sillas y un banquillo, un closet con cortina, un estante donde están el anafe, botellas vacías, vasos y tazas, es un departamento de un ambiente en un edificio viejo, cerca del Parque Forestal. Hay un gran desorden, ropa y hojas de diario sobre las sillas y en el suelo. En las paredes, de color oscuro, páginas de revistas con fotos de equipos de fútbol. Sobre el velador, un calendario. La mujer vuelve, envuelta en una toalla grande, busca en el suelo, encuentra sus calzones, se los pone. Busca en el suelo. No encuentra lo que busca, encuentra otros calzoncillos, unos blue jeans y una camisa de hombre. Se pone la camisa. Se acerca a la ventana y mira hacia abajo, estirándose. El hombre se mueve, poniéndose boca arriba, ella se acerca y se inclina sobre él.

OLGA: –¿Cómo estás? (*Lo remece suavemente. Él gruñe.*) ¿Cómo estás?

Alejandro Sieveking y Miriam Benovich. "Parecido a la felicidad".
1959. ITUCH.

GRINGO: –(*Se estira.*) Aaaaaah... (*La abraza, sonriendo.*) Hola, hola.

OLGA: –¿Cómo estás?

GRINGO: –Bien, ¿y tú?

OLGA: –¿Me quieres?

GRINGO: –No.

OLGA: –Yo te quiero.

GRINGO: –No sabís jugar.

OLGA: –Sí sé.

GRINGO: –No sabes... (*La besa y acaricia suavemente.*)

OLGA: –No, señor.

GRINGO: –Síii...

OLGA: –Noo... ¿Sabís qué hora es?

GRINGO: –No importa. (*Otro beso.*)

OLGA: –Las seis y media.

GRINGO: –(*Se sienta bruscamente.*) Voy a tener que apurarme. ¡Qué lata!

OLGA: –¿A qué hora empezái?

GRINGO: –A las ocho en punto.

OLGA: –Mientras te bañái voy a ordenar un poquito y voy a preparar el desayuno.

GRINGO: –(*La mira, divertido.*) Me salió bien buena la dueña de casa, parece.

OLGA: –Vai a ver. (*Él agarra sus calzoncillos y se los pone, de espaldas al público, y se levanta. Es un joven alto, rubio, atlético, de movimientos lentos, como un oso. Mira por la ventana y vuelve a estirarse. Ella recoge su ropa del suelo y la deja sobre una silla.*)

GRINGO: –¡Qué flojera!... Está oscuro todavía.

OLGA: –Sí, como de noche. (*Él se acerca y la besa en el cuello.*)

GRINGO: –¿Estás contenta?

OLGA: –Sí.

*Alejandro Sieveking y Miriam Benovich. "Parecido a la felicidad".
1959. ITUCH.*

GRINGO: –¿Seguro?

OLGA: –¿Por qué?

GRINGO: –Se me ocurrió que podrías arrepentirte.

OLGA: –No.

GRINGO: –Lo importante es que te sintái bien conmigo.

OLGA: –Me siento bien.

GRINGO: –¿Y tu mamá? (OLGA *se pone seria.*) ¿Qué va a decir cuando vuelva?

OLGA: –(*Se aparta de él, recoge su sostén del suelo y lo deja sobre el resto de su ropa.*) No sé.

GRINGO: –A lo mejor te convence y me dejái solo.

OLGA: –Anoche... es como si nos hubiéramos casado.

GRINGO: –Eso es lo que pienso yo.

OLGA: –(*Ligeramente incómoda.*) ¿No tenís frío?

GRINGO: –No. Me voy a ir a duchar. (*Se miran. Se acercan lentamente y se besan.*) Me gusta tu olor.

OLGA: –Te vai a atrasar.

GRINGO: –¡Ah, sí! (*Se aparta, pero ella lo retiene, abrazándolo, con un repentino impulso.*)

OLGA: –¿Me quieres?¿Me quieres mucho? Dicen que los hombres no quieren tanto como las mujeres.

GRINGO: –Eso es lo que dicen las mujeres.

OLGA: –A lo mejor. (*Lo suelta.*) ¿Dónde están las tazas?

GRINGO: –Ahí, en ese mueble. Y la tetera y todo lo demás.

OLGA: –Ya... Se te va a hacer tarde.

GRINGO: –Sí ya me voy. (*Llega junto a la puerta del baño y se detiene. Se vuelve hacia ella.*) ¿Cuándo vas a traer tus cosas?

OLGA: –Hoy, antes de que vuelva mi mamá. Parece que se viene mañana. Tú sabís cómo son los buses, ¡nunca se sabe! Sobre todo en este tiempo.

GRINGO: –Entonces cuando termine el turno voy a buscarte.

OLGA: –¿Vai a ir en el camión?

GRINGO: –¡No!, ¿se te ocurre? No puedo. Aunque capaz que me presten una camioneta en la empresa. Mejor tomar un taxi. O... si son pocas cosas, te las traigo yo. Me sirve de ejercicio. Pero no, tendríamos que hacer varios viajes, mejor un taxi.

OLGA: –Mejor. Parece que no te querís bañar.

GRINGO: –¡Sí! Es que, ¿sabís? Eh... ¿no te molesta que haga gimnasia un rato?

OLGA: –Claro que no. ¿Alcanzái?

GRINGO: –(*Sonríe.*) Sí. Como tú vai a hacer el desayuno...

OLGA: –Claro. Puedo mirarte, ¿verdad? (*Se sienta en un piso, entre la mesa y el estante.*)

GRINGO: –Tanto como show no es. (*Abre las piernas y se toca la punta del pie izquierdo con la mano derecha y así, sucesivamente, diez veces.*) Puchas, me ponís nervioso. (*Toma un aparato de resortes que cuelga de un clavo en la pared, junto a la puerta del baño.*)

OLGA: –Mi hermano se compró una de esas cosas, también, pero nunca la usaba... Está en Curicó. ¿Conocís Curicó?

GRINGO: –(*Estirando los resortes.*) No.

OLGA: –Yo soy de allá, pero no volvería ni muerta... No lo pasaba mal, pero es que es muy fome la vida en provincia... ¡Uf, vierai los domingos en la tarde, en Curicó! Tan triste, tan aburrido. Ni anestesiada me llevarían pa'llá de nuevo. Mi mamá dice lo mismo, ¿ah? Es que aquí es más entretenío, por último.

GRINGO: –Claro.

OLGA: –No creái que no tengo un poco de susto... Por mi mamá, digo. Tengo un poco. Pero voy a explicarle. (*El* GRINGO *interrumpe su gimnasia.*) ¡Le tengo que decir! Se va a quedar sola y... no le gusta estar sola... Bueno,

¿a quién le gusta? Y yo quiero seguir trabajando en el negocio, así es que tenemos que aclararlo todo.

GRINGO: –¿Y le vai a decir que no nos vamos a casar, también?

OLGA: –No.

GRINGO: –Es lo primero que te va a preguntar.

OLGA: –Entonces le voy a decir la verdad. Que tú no quieres.

GRINGO: –(*Deja los resortes en su lugar, molesto.*) Ya hablamos de eso.

OLGA: –¡Pero si yo estoy de acuerdo!... Le voy a decir, también, que no me importa.

GRINGO: –(*Continúa con sus ejercicios.*) Y dile por qué no quiero.

OLGA: –No sé por qué.

GRINGO: –(*Interrumpiéndose de nuevo.*) Anoche te dije.

OLGA: –No me di cuenta.

GRINGO: –(*Sonríe.*) ¿En qué estabai pensando?... Te dije que... no podemos tener hijos todavía, y quiero buscar otro trabajo.

OLGA: –Pero con este ganái bastante y...

GRINGO: –¿Bastante?, ¡pst!... (*Se sienta en el suelo dándole la espalda.*) No me alcanza ni para vestirme porque, además, tengo que mandar un poco de plata a mi casa. (*Se tiende en el suelo y hace abdominales.*)

OLGA: –Sí yo sé.

GRINGO: –Cinco, seis...

OLGA: –Mi mamá se tiene que dar cuenta. Sabe de estas cosas. Mi papá se murió hace seis años y ¡un año después ella se volvió a casar! A mí me cargaba el Pedro, el nuevo, pero, ¿cómo se lo iba a decir? Es que no era ni la sombra de mi papá. Mi papá era súper. ¡Tan amoroso! Yo podía estar un día entero

*Alejandro Sieveking y Miriam Benovich. "Parecido a la felicidad".
1959. ITUCH.*

oyéndolo hablar y riéndome con las cosas que decía. Era simpático. (*Sonríe.*)... de cara. Su cara era simpática, ¿entendís?... Todo sería tan distinto si estuviera vivo. Pero nunca me hubiera venido a Santiago y no te habría conocido... Y si mi mamá no se hubiera peleado con el Pedro, tampoco estaría aquí. Es el destino, creo yo. Yo creo en esas cosas. A lo mejor nos habríamos conocido de todos modos.

GRINGO: –(*Está tendido de espaldas, inmóvil.*) A lo mejor. Ahora sí que me voy al agua.

OLGA: –Yo soy muy buena para hablar.

GRINGO: –Yo también.

OLGA: –No, tú no. Eres muy callado.

GRINGO: –No siempre.

OLGA: –Pero en general.

GRINGO: –Es que depende. En el trabajo, por ejemplo, la única persona con la que puedo hablar es... (*Se levanta rápidamente.*) ¡Oye, casi se me olvida avisarte! Prepara tres desayunos.

OLGA: –¿Quién viene?

GRINGO: –Un amigo.

OLGA: –¿Tan temprano?

GRINGO: –Sí. Vive al frente. Es un tipo que trabaja en la Empresa. ¡Buen tipo! Siempre viene. Y a mí se me olvidó decirle que no... es decir... Esto no fue preparado... totalmente. (*Ríe.*)

OLGA: –Pero voy a estar aquí...

GRINGO: –Siempre vas a estar aquí, ahora. (*La abraza.*)

OLGA: –Sí, de veras... Voy a ordenar un poco.

GRINGO: –No te apurís. Viene cerca de las siete, un poco antes. Chao.

OLGA: –Chao. No te demores.

GRINGO: –No. (*Entra al baño y cierra la puerta. Ella saca tres tazas, platos y cucharitas. Al comprobar que la tetera no tiene agua va hacia el baño, llevándola, y golpea la puerta.)*

OLGA: –¿Se puede?

GRINGO: –(*Grita.*) ¡Sí! (OLGA *abre la puerta y entra. Se oye el agua que corre y la risa de los dos.* OLGA *sale corriendo, cierra la puerta y se afirma en ella, tapándose la boca con las manos y riendo. Se da cuenta de que ha dejado la tetera adentro y golpea otra vez.)*

OLGA: –¡Por favor!, ¡pásame la tetera!

GRINGO: –(*A gritos.*) ¡Ven a buscarla!

OLGA: –No. Pásamela.

GRINGO: –¡¡Ven!!

OLGA: –¡No! (*La puerta se abre y aparece el brazo mojado del* GRINGO *con la tetera.)*

GRINGO: –Toma. (*Al tomar la tetera él la coge del brazo y la arrastra al baño de un tirón.)*

OLGA: –¡Se me va a caer el agua! (*Se produce un repentino silencio. Luego una palmada y la risa de los dos.* OLGA *reaparece, riendo, y cierra la puerta. Enciende el anafe eléctrico y pone la tetera sobre él.)*

GRINGO: –(*Su voz se oye distante, canta con entusiasmo una canción de moda.)* En mi corazón yo tengo un rinconcito para ti... (OLGA *se pone su falda y un pañuelo de seda estampada en la cabeza. Echa la ropa de cama hacia atrás y busca una escoba. La encuentra en el closet y se dispone a barrer cuando se escuchan unos tímidos golpes en la puerta de calle.* OLGA *se quita rápidamente el pañuelo y estira la ropa de cama.)*

OLGA: –¡Un momento! (*Recoge algunos papeles del suelo y abre la puerta. Se queda inmóvil y asustada. El* GRINGO *sigue cantando en el baño. En la puerta aparece lentamente una mujer de cincuenta años, con aspecto de cansancio. Lleva un abrigo oscuro y aprieta una vieja*

Miriam Benovich y Bélgica Castro. "Parecido a la felicidad". 1959. ITUCH.

*cartera negra. Da los pasos indispensables para entrar
y mira hacia el baño. OLGA se cierra la camisa todo lo
posible. La mujer abre la cartera y saca un pañuelo, que se
lleva a la nariz.*) Yo se lo iba a decir, de todos modos.
(*Silencio.*) Creí que iba a llegar mañana. Mamá, yo
se lo iba a decir.

REGINA: —Fui hasta la Asistencia.

OLGA: —¿Quién le dijo que yo estaba...?

REGINA: —¿Cómo... cómo me iba a imaginar?

OLGA: —¿Cómo supo que estaba aquí?

REGINA: —(*Secándose las lágrimas.*) Por la Marta, recién...
Fui a la casa de la Marta, tuve que despertarla...
Me dijo que habías salido con el Gringo a comer
afuera. ¡Por supuesto que se dio cuenta de todo!...
¡Que me hagas pasar estas vergüenzas!... Claro, te
ofreció matrimonio y todo arreglado. ¡Le resultó
fácil!... Supongo que te vas a casar con él.

OLGA: —Sí, pero todavía no.

REGINA: —(*Irónica.*) "Todavía no." Eso es nunca.

OLGA: —Me dijo desde el principio que no se podía
casar todavía.

REGINA: —Entonces, ¿cómo pudiste aceptarle una cosa
así? ¿Cómo pudiste hacerlo?... ¿Y por qué no se
puede casar? ¿Tiene mujer e hijos que mantener?

OLGA: —Es el Gringo, mamá.

REGINA: —Sí sé. El chofer. El que parecía más serio de
todos.

OLGA: —Es serio.

REGINA: —¡Qué va a ser! ¡Es un sinvergüenza! Pero,
¿cómo pudiste hacerle caso? ¿Lo quieres tanto?

OLGA: —Claro que sí. ¡Lo quiero mucho!

REGINA: —Pero él no te quiere. Si te quisiera no habría
hecho esto contigo.

OLGA: –(*Aburrida.*) ¡Mamá!

REGINA: –(*Susurrando con intensidad.*) Habíamos quedado en que nunca dejarías que se aprovecharan de ti. Que lo íbamos a conversar, que me ibas a contar todo... ¡Y yo, la tonta, estúpida, al ver que eran las tres y media y no llegabas, pensé que te podía haber pasado algo, un accidente, y empecé a preguntar en todas partes! Hasta en la Asistencia... Bueno, ya está hecho. Esto me pasa por tenerte confianza. Vístete y vámonos de aquí.

OLGA: –Eso quería decirle, mamá. Me quedo.

REGINA: –¿Cómo dices?

OLGA: –A vivir.

REGINA: –(*Sin poder creerlo.*) ¿A vivir?... ¡Es que no puedes quedarte! ¡No es decente!

OLGA: –¡No grite!

REGINA: –(*Bajando un poco el volumen.*) ¡Que oiga!... ¿Crees que va a respetar a una mujer que no le importa quedarse a vivir así? ¡Nadie te va a respetar! Van a creer que eres una mujer fácil... ¿Crees que vas a ser feliz con él, que esto va a durar mucho tiempo?

OLGA: –¡Estaba cansada de esperar, mamá! El príncipe azul no va a llegar, me dije... ¡No podía seguir así!

REGINA: –Eres joven, pudiste esperar. (*Pausa. Se escucha la voz del* GRINGO *cantando en el baño.*)

OLGA: –(*Lentamente.*) Cuando una es joven es más difícil todavía. Una tiene tantos deseos de que ocurran cosas bonitas, importantes... pero no pasa nada. El tiempo pasa. ¿Qué iba a hacer? ¿Esperar? ¿Morirme esperando?

REGINA: –Pero dijiste que no era el príncipe azul. No lo quieres. A falta de otro mejor...

OLGA: –No iba a estar perdiendo toda mi vida por algo

que no iba a llegar nunca.

REGINA: –¡Qué sabes tú!

OLGA: –Claro que sé, mamá. He sido realmente feliz, a veces... Y esto es lo que más se acerca a eso... A lo que sentía cuando vivíamos con mi papá. Esa sensación de que los problemas no importaban y que todo era maravilloso y bueno. Yo sé que nunca voy a ser tan feliz como entonces.

REGINA: –¿Cómo sabes?

OLGA: –Estoy segura. Las cosas perfectas ocurren en los libros, no más, en las películas... Pero a una no. Váyase ahora, después hablamos.

REGINA: –Tengo que hablar con él.

OLGA: –Después, por favor.

REGINA: –Tengo que decirle lo que pienso.

OLGA: –(*Agitada.*) Le voy a decir que vaya al negocio. Pero aquí no. No lo eche a perder. Es mejor que no lo vea ahora, está enojada y... Por favor, después, ¿ya ?

REGINA: –Si no quieres que le hable, vente conmigo. No voy a dejar que hagas esto, no lo puedo permitir. Mientras yo esté viva...

OLGA: –(*La toma de los brazos, interrumpiéndola.*) ¿No entiende? Me voy a quedar. No quiero irme. No podría soportar un día más en esa casa, discutiendo de la mañana a la noche. ¡No haga un drama! ¡Entiéndame! No quiero estar más pegada a sus faldas y que me trate como a una niñita. Tengo veintidós años y sé lo que hago... ¡Estoy cansada de esa vida estúpida sin asunto! De que esté todo el día acordándose de cuando yo era chica. Usted querría que yo me casara con un empleado y tuviera hijos y cocinara y que todo fuera muy decente y muy normal... ¡Pero yo no! ¡Estoy aburrida de las cosas decentes y normales!

Quiero ser feliz, mamá, ¡de cualquier modo!

REGINA: –(*Llora.*) Yo sólo quiero que... que seas muy feliz... Yo... yo no lo he sido... desde que murió tu padre... aunque él... (*Se sienta en la silla y llora silenciosamente.* OLGA *se arrodilla junto a ella.*)

OLGA: –Usted me entiende, ¿verdad? Perdóneme, no quise hacerla llorar... Yo la quiero... Nos cuesta vivir juntas sin discutir y pelear, pero la quiero... El Gringo es muy bueno conmigo. Es cariñoso. Cuando lo conocí, pensé que era el único posible... ¿Sabe una cosa?... Dicen que hay más mujeres que hombres... a lo mejor es por eso, pero tenía la sensación de estar perdida y de no saber dónde ir, ni qué hacer... Pero ahora sé. Ahora estoy tranquila. ¡Y claro que quisiera casarme, mamá! Pero si no, no me importa.

REGINA: –(*Desolada.*) ¿Y me vas a dejar sola?

OLGA: –¿Qué quiere que haga? Tarde o temprano iba a ocurrir.

REGINA: –Pero no tan luego, no ahora. Vuelve a la casa y haremos como si no hubiera pasado nada. Como si él no existiera. Seguiremos trabajando... ¡No me deje sola, m'hijita! Estoy cansada, no puedo vivir sola. No tengo a nadie.

OLGA: –(*Apartándose.*) ¿Y... y su amiga de la Plaza Egaña?

REGINA: –La Hilda es casada, tiene familia... y es una amiga, no más. Tú eres mi hija, ¡me tienes que acompañar!

OLGA: –(*Serena.*) Es como si me hubiera casado, ahora, mamá. Durante el día estaremos juntas, igual que antes... Iré al negocio, y a la hora de cerrar, no más, nos separaremos.

REGINA: –¿Y qué voy a hacer con el departamento? ¿Y si me enfermo? Una se puede morir y nadie sabe.

Me da tanto miedo quedarme sola. (*Se levanta y se acerca a* OLGA.) ¡Eres una malagradecida! ¿Cuándo te he dado un mal ejemplo? ¡Todo lo que me he sacrificado por ti! Gastando la plata a manos llenas para que estudie, para que pueda ganarse la vida. Ayudándola a poner el negocio y, ahora, de repente, como si una no existiera... Cuando te deje botada, entonces te vas a acordar de mí.

OLGA: –¿Cree que si nos casamos no podría dejarme botada, igual?... (*Como para sí misma.*) Buscar lo mejor es inútil, es cuestión de acostumbrarse... Con el tiempo, viviendo juntos, todo va a ser perfecto.

REGINA: –Todavía no entiendo por qué te viniste con él.

OLGA: –Estaba cansada de esperar.

REGINA: –Hay mujeres que esperan más. Pudiste esperar. Apenas tienes veintidós años.

OLGA: –¿Esperó usted, mamá? ¿Esperó dos años siquiera después de que se murió mi papá? Uno... un año, apenas. Y decía que nunca iba a querer a nadie más.

REGINA: –Nunca quise a nadie más.

OLGA: –Pero se casó con el Pedro, ¡se casó con él! Un año después, apenas.

REGINA: –Me sentía muy sola y...

OLGA: –¿Y cree que yo no me he sentido sola?, ¿que no he querido morirme? Todos los días, hasta que lo conocí... (*Mira hacia el baño.*) Por favor, mamá, váyase, ahora. Yo le voy a decir que estuvo aquí. Va a ir a hablar con usted... Es mejor así.

REGINA: –Bueno, sí... Me voy.

OLGA: –En el negocio vamos a hablar.

REGINA: –Vístete, no estés en esa facha indecente.

OLGA: –Sí.

REGINA: –No llegues muy tarde. (*Abre la puerta.*) Ojalá

me equivoque... Hubiera querido que las cosas no fueran así, pero, en fin... Ojalá me equivoque. Hasta más rato. (*Sale.*)

OLGA: –Hasta más rato. (*Cierra la puerta. El* GRINGO *continúa cantando.* OLGA *se apoya en la puerta, pensativa. De pronto se da cuenta de que el agua está hirviendo y se acerca a la mesa, poniendo una panera en el centro. Busca en los cajones, pero no encuentra lo que necesita. Golpea la puerta del baño.*) ¿Hay que bajar a comprar pan?

GRINGO: –¿Qué?

OLGA: –(*Grita.*) ¿Hay pan en alguna parte?

GRINGO: –¿Pan?

OLGA: –¡Sí!

GRINGO: –(*Gritando.*) El Víctor trae.

OLGA: –¿Víctor?

GRINGO: –¡Sí!

OLGA: –¿Qué toma él?

GRINGO: –Café puro.

OLGA: –Ya... ¿Te falta mucho? Quiero arreglarme un poco.

GRINGO: –Si ya salgo, me estoy terminando de afeitar,

OLGA: –(*Dulcemente.*) ¿Te gusta que esté aquí?

GRINGO: –¡¿Qué?!

OLGA: –¡Nada! (*Se aparta del baño.*)

GRINGO: –Pásame la ropa. Está en la silla.

OLGA: –(*Toma los blue jeans del* GRINGO *y una polera. Abre la puerta del baño.*) ¿Cómo no te resfrías?

GRINGO: –¡Por la flauta!

OLGA: –¿Te cortaste?

GRINGO: –Me pasa todos los días. (*Recibe la ropa.*)

OLGA: –¡Qué divertido que digái "por la flauta"! Cuando te vi por primera vez creí que hablabas con acento extranjero. Y con tu nombre... pero hablas como todos. Hjalmar... Hjalmar Rinke.

GRINGO: –¡Rainke!

OLGA: –Rainke... Rainke... Dime algo en alemán.

GRINGO: –Noo, no me gusta... En Valdivia no hablábamos nunca en alemán. En la casa, no más. Mi abuelo no quería hablar castellano porque... no quería. (*Entra poniéndose la polera.*) Era un viejo más orgulloso. Un tipo macanudo, ¿ah?, pero en el fondo era un rajado. Cuando yo hacía algo, ¡me pegaba cada palo! Mi papá no me pegaba, tenía un método científico para castigar. Dio resultado: me corrigieron. (*Se pone los calcetines.*)

OLGA: –¿Sí?

GRINGO: –Claro. (*Sonríe.*) Estoy corregido, ¿no?... Pero ni los castigos científicos ni los palos consiguieron hacerme más inteligente. Nada. Cuando di la Prueba de Aptitud se dieron cuenta de que no valía la pena insistir. Por eso estoy aquí. (*Se pone los zapatos.*) Y estoy contento. Les mando plata y los mantengo con la boca cerrada. No mucha, pero lo suficiente para que no digan que soy un inútil. Mis hermanos son todos macanudos, ¡profesionales!, pero ninguno les manda ni un peso. Cuando lo supe estuve riéndome una semana..., Bueno... No creas, mi familia tampoco necesita que le mandemos, pero... es una cuestión de... no sé... (*Mira por la ventana.*) ¿Qué le pasa a éste que no viene? Es un buen tipo, te va a gustar. Vive en la pensión de enfrente. Yo lo conocí cuando iba a almorzar allá, hace como dos años... Es medio volado, así... no es volado es... ¡se lo pasa haciendo planes! ¿Cómo se dice?

OLGA: –(*Acercándose a él.*) ¿Soñador?

GRINGO: –Sí... pero es alegre, también... (*La abraza.*) ¿En qué estás pensando?

OLGA: –Estoy contenta.

GRINGO: –Eso es lo importante.

OLGA: –A que no te imaginas quién vino.

GRINGO: –¿Vino alguien?

OLGA: –Mi mamá.

GRINGO: –(*Apartándose.*) ¿Tu...? ¿Vino? (*Ríe.*) ¡No!

OLGA: –(*Ríe.*) ¡Sí!

GRINGO: –Es broma. (*Ella niega. Él se pone serio.*) ¿De veras? (*Ella asiente.*) Y... ¿qué dijo?

OLGA: –Imagínate...

GRINGO: –(*Bloqueado.*) No se me ocurre.

OLGA: –Dijo que fueras a hablar con ella, esta tarde.

GRINGO- (*Se ríe, nervioso.*) ¡No!

OLGA: –Sí.

GRINGO: –(*Serio.*) Ah... No voy a ir.

OLGA: –Pero...

GRINGO: –¿Qué le voy a decir? Ya sabe, ¿no?... Va a llorar y yo, por último, ¿qué le...? No tengo nada que decirle. (*Se pone el reloj pulsera, que está en el velador.*)

Olga: –Es para que se quede tranquila.

GRINGO: –Háblale tú, mejor.

OLGA: –Ya hablamos... Pero, en realidad, no vayas. Le diré que tienes que hacer hasta tarde. Si quieres le digo que venga ella un día.

GRINGO: –(*Sin entusiasmo.*) Claro. Podría ser. (*Se sienta en la cama y saca un cigarrillo.*)

OLGA: –No pienses más en eso.

GRINGO: –(*Ofreciéndole un cigarrillo.*) ¿Quieres ? Ah, de veras que tú no fumas... Menos mal que no me di cuenta de que estaba aquí, capaz que... (*Enciende un cigarro.*) Ya estás grandecita, puedes hacer lo que quieras, puedes equivocarte sola.

OLGA: –Sí... Me voy al baño. (*Golpean a la puerta.*)

GRINGO: –(*Levantándose de un salto.*) ¿No será ella, otra vez?

OLGA: –No creo... Abre. (*Él se decide y abre la puerta.*)

GRINGO: –(*Alivianado.*) ¡Tú!

VÍCTOR: –(*Afuera.*) ¡Quiubo!

GRINGO: –¡Me diste un susto! Creí que... (*Entra* VÍCTOR. *Es un poco más bajo que Hjalmar, moreno y de rostro simpático.*)

VÍCTOR: –¿Te cuento...? (*Ve a* OLGA.)

GRINGO: –(*Orgulloso*). Te presento a Olga. Este es Víctor.

OLGA: –(*Dándole la mano.*) ¡Qué vergüenza! Perdona la facha.

VÍCTOR: –No, si está bien. Es decir, excelente. (OLGA *y el* GRINGO *ríen.*)

GRINGO: –Este es como de la familia, como un hermano menor.

VÍCTOR: –¿Sabís lo que hizo tu hermano menor?

GRINGO: –¿Qué?

VÍCTOR: –Conseguí que me entregaran la Norton.

GRINGO: –¡No!

VÍCTOR: –Sí, ¿no te digo?

GRINGO: –¿Ya la tenís?

VÍCTOR: –(*Lo lleva hacia la ventana.*) Mira.

GRINGO: –(*Mirando hacia abajo.*) ¡Qué salvaje! Se ve nuevecita.

VÍCTOR: –Es casi nueva.

GRINGO: –(*A* OLGA.) Es una moto. Yo sueño con tener una moto, ¿sabís tú? (*Vuelve a mirar hacia abajo.*) No voy a descansar hasta tener una. ¿En cuántas cuotas te salió?

OLGA: –Con permiso... Vuelvo al tiro. (*Entra al baño.*)

GRINGO: –(*Después de una pausa.*) ¿Y? ¿Qué te parece?

VÍCTOR: –¡Salvaje! ¡Se ve nuevecita!

GRINGO: –(*Le pega un puñetazo amistoso, riendo.*) ¡Cuidado, idiota, que te va a oír!

VÍCTOR: –Hablando en serio, es mortífera. ¿Y? ¿Se va a quedar?

GRINGO: –Sí. (*Sin aliento, por la risa. Suspira.*) Se va a quedar.

VÍCTOR: –Oye, dime, ¿esta cabra es sola?

GRINGO: –No, vive con la mamá... Vivía... La vieja estuvo aquí esta mañana. Por suerte yo estaba en el baño y no supe hasta después, que si la llego a ver, me tiro por la ventana.

VÍCTOR: –Todas las mamás lloran el primer día, pero después se acostumbran y terminan felices de la vida. Vai a ver.

GRINGO: –(*Tomando la mesa de un extremo.*) Ayúdame a correr esto, ¿querís? (VÍCTOR *toma la mesa por el otro extremo y la pone en medio de la habitación.*)

VÍCTOR: –Así que por fin atinaste, ¿ah, Gringo?

GRINGO: –(*Sonríe.*) ¿Y... cómo sabís que estoy enamorado de verdad?

VÍCTOR: –Re fácil. Porque si no, no te la habríai traído p'acá. Ocasiones para traerte una gansa no te faltaron, y, sin embargo, como decía el poeta, ésta es la primera. ¡Bien dije la cabra!... Me alegra que hayái seguido mis consejos, ¿viste?, ¡si no hay que complicarse tanto!... Y ahora los amigos, ¿para qué, pues? Bien, gracias. Nada de salir a carretear. Hay que tener valor para hacer eso. Hay que tener pasta de dueño de casa, como tú, Gringo.

GRINGO: –No creái que tengo mucha.

VÍCTOR: –Te conozco, Gringo, te conozco. Donde mejor lo pasái es aquí, o corriendo en moto. Con tal de que no te salga buena para las fiestas, no más...

GRINGO: –¿La Olga? No. De vez en cuando un baileteo, eso sí. ¿A quién no le gusta bailar?

VÍCTOR: –(*Ríe.*) ¡Te estoy viendo en un año más, Gringo! ¡Lavando platos!, ¡o pañales!

GRINGO: –Ríete, no más. Ya me tocará reírme a mí.

VÍCTOR: –¡Ah, no! A mí, nada de amarras. ¿Creís que soy güevón? La vida es muy corta para quedarse en un mismo lugar con una misma persona. Yo, dentro de un año, ¡a los Iunate Estates! ¡Vai a ver! Aunque sea de ascensorista en un rascacielos. Y cuando ya no me quede nada por ver, entonces me voy a casar.

GRINGO: –Entonces no te vai a casar nunca.

VÍCTOR: –¿Te imaginái que uno se entusiasme, se case y después se arrepienta?... Lo que pasa es que hay que encontrar a la persona justa. Y yo no la he encontrado... (*Toma el pañuelo estampado de* OLGA.) A lo mejor, cuando la encuentre... ¡No, no! Yo no soy para eso, Gringo. Toda la gente no es igual.

GRINGO: –Erei muy cabro, todavía.

VÍCTOR: –¡Viejo! ¡Soy un viejo!

GRINGO: –Yo, en estos dos años, he cambiado. Antes era como tú, quería recorrer el mundo. Y ahora me conformo con un pedazo chico de mundo. Uno se acostumbra a las cosas... Cuando llegué de Valdivia, creí que no iba a acostumbrarme nunca a que no lloviera. Y ahora no me importa... Dentro de dos años no te va a importar si estái en los Estados Unidos o no.

VÍCTOR: –Cállate, mejor, Gringo. Ya me vai a apestar. No me vengái a decir que pensái seguir en la Empresa toda la vida. Yo no, ¡ni cagando!

GRINGO: –¿Y qué vai a hacer?

VÍCTOR: –Pa empezar voy a estudiar inglés, yeah, ¡y a viajar se ha dicho! Por último me voy de marino en un barco.

GRINGO: –En serio, digo yo.

VÍCTOR: –¡En serio, pues! Soy patiperro.

GRINGO: –Puras cabeza'e pescao. Tú sabís que no lo vai a hacer.

VÍCTOR: –Espérate, no más, ¡ya vai a ver! ¿Y tú?

GRINGO: –(*Ríe.*) ¡Sería divertido que siguiéramos en lo mismo!

VÍCTOR: –¿Divertido? ¡Mortífero! (*Entra* OLGA. *Se ha vestido y arreglado. Está en su mejor momento.*)

OLGA: –¿Tomemos desayuno?

GRINGO: –Ya.

OLGA: –(*A* VÍCTOR). Tú tomái café puro, ¿no?

VÍCTOR: –Sí, gracias. (*Le acerca una silla.*)

OLGA: –Gracias. ¿Dos cucharadas de azúcar?

VÍCTOR: –Sí. (*Los jóvenes quedan frente a frente y ella entre los dos.*)

OLGA: –¿Y tú, Gringo?

GRINGO: –Dos, también.

OLGA: –Encontré dos cucharitas, no más.

GRINGO: –Es que hay dos, no más. Usemos la misma.

OLGA: –Ya. (*Le entrega su cucharita al* GRINGO, *a* VÍCTOR.) ¿Tú trabajái en la misma Empresa del Gringo?

GRINGO: –Sí. (*A* VÍCTOR). ¿Trajiste el pan?

VÍCTOR: –Claro. ¿Dónde lo dejé? (*Busca.*) No me acuerdo.

GRINGO: –(*Buscando a su alrededor.*) No lo trajiste, seguro. Con la moto te olvidaste de todo lo demás.

VÍCTOR: –¡Si lo compré!

OLGA: –Parece que no traíai nada.

VÍCTOR: –A ver... (*Mira por la ventana.*) ¡Mira si seré güevón!

GRINGO: –(*Mirando.*) Lo raro es que no se lo hayan llevado. (*A* OLGA.) Lo dejó sobre el asiento de la moto.

VÍCTOR: –Lo voy a ir a buscar.

GRINGO: –No, tú te quedái aquí. Me gusta subir y bajar escaleras. Es un buen ejercicio para las piernas. (*Sale.*)

OLGA: –Siéntate.

VÍCTOR: –Gracias... El Gringo es tan distraído, seguro que ni te avisó que yo iba a venir.

OLGA: –No, si me dijo...

VÍCTOR: –Como en la pensión no me dan desayuno a esta hora, me vengo para acá todos los días... A lo mejor no debería de haber venido... Si molesto...

OLGA: –¡No!, ¿cómo se te ocurre?

VÍCTOR: –En serio, si molesto, dime, no más, con confianza.

OLGA: –Al contrario, pues... Siéntate, por favor.

VÍCTOR: –Gracias. (*Se sienta.*)

OLGA: –(*Leve pausa.*). Vives al frente, ¿no?

VÍCTOR: –En la puerta donde está la moto.

OLGA: –Ah. (*Pausa.*)

VÍCTOR: –¿Tú vives en el centro, también?

OLGA: –Sí. En la calle San Francisco con Tarapacá.

VÍCTOR: –Te va a gustar este barrio.

OLGA: –Sí... son tan bonitos los árboles.

VÍCTOR: –Súper... Cuando hay sol, pesco el diario y me voy al parque a leer. Y siempre me quedo dormido. (*Ríe.*)

OLGA: –Debe ser cansador el trabajo de ustedes.

VÍCTOR: –Claro, ¡es bien pesado! Sobre todo el turno en la noche.

OLGA: –Me imagino.

VÍCTOR: –Yo partí acarreando muebles. Es una Empresa de Mudanzas. Hace un año me ascendieron a chofer, gracias al Gringo. No creo que vaya a durar mucho en esto, pero, en fin... A falta de pan, buenas son las tortas.

OLGA: –¿No te gusta?

VÍCTOR: –Poco. Voy a trabajar en lo que sea hasta encontrar el trabajo justo para mí.

OLGA: –¡Uf!, encontrar lo mejor es muy difícil. Es cuestión de acostumbrarse.

VÍCTOR: –No estamos de acuerdo en eso. El que busca encuentra, dicen.

OLGA: –Así dicen... (*Se miran un instante, luego él reacciona, turbado.*)

VÍCTOR: –Y... eh... (*Se golpea la frente.*) ¡Bah!, ¿qué estaba diciendo?

OLGA: –Eso de encontrar el trabajo que...

VÍCTOR: –¡Ah, sí!... Yo creo que cuando uno hace lo que realmente quiere... lo malo es que... eh... yo no sé lo que quiero... todavía... (*Ríe.*) Estoy igual que el Gringo, que nunca sabe explicar lo que quiere decir. Pero él sabe lo que quiere hacer. Lo envidio mucho por eso.

OLGA: –(*El nombre del* GRINGO *rompe el encanto.*) Se le va a enfriar el café. (*Tapa la taza del* GRINGO *con el platillo.*)

VÍCTOR: –¡Qué lesera haberme olvidado del pan!

OLGA: –Si no importa.

VÍCTOR: –Es que estaba, estoy, tan entusiasmado con la moto. Ahora voy a tener que estar a pan y agua para pagarla, pero vale la pena... Seguro que el Gringo le está revisando hasta la última tuerca... Es de segunda mano, de tercera, pero está en muy buen estado. El descueve. La dueña de la pensión me alegó más, ayer, cuando llegué con la moto. ¡Es una vieja súper rallada! Dice que fue artista cuando era lola, pero ahora, la vierai, es la mujer más gorda que he visto gratis. (*Los dos ríen.*)

OLGA: –¿Sabís una cosa?... Te parecís a mi papá... por eso...

VÍCTOR: –¿A tu papá?

OLGA: –Cuando era joven, claro. Por las fotos. En los ojos, sobre todo... el color. Por eso me parecíai familiar...

VÍCTOR: –Tú también me erei cara conocida, pero no te parecís a mi mamá. (*Ríen.*) En serio, yo te conocía...

OLGA: –¿Sí?¿De dónde?

VÍCTOR: –De vista, digo. En la fiesta de la Julita, cuando conociste al Gringo.

OLGA: –Eso fue hace tiempo.

VÍCTOR: –No tanto, dos o tres meses, ¿no?... Bailaste toda la noche.

OLGA: –¿Tú no?

VÍCTOR: –Yo también bailaba... ¿Te gustan las fiestas?

OLGA: –Según.

VÍCTOR: –¿Según qué? (*Entra el* GRINGO. *No trae el pan.*)

GRINGO: –¡Increíble pero cierto! No estaba el pan. Mientras bajaba la escalera se lo choriaron. (*Sentándose.*) Bueno, nos quedamos sin pan.

OLGA: –Tómate el café, está helado. (*Se levanta y llena la tetera al calentador.*) Si quieres caliento el agua.

GRINGO: –No, si no importa. Estuve mirando la moto, oye. Parece nueva. El forro del asiento, no más, se lo vai a tener que cambiar.

VÍCTOR: –Claro, seguro, cuando me saque la Lotería... ¿Te imaginái que me la sacara de verdad?

OLGA: –¿Tú también comprái números de la Lotería?

GRINGO: –Y de cuanta cosa existe, desde que lo conozco, y nunca se ha sacado nada. Es muy difícil. ¡Hay tanto número!

OLGA: –¿Cómo sabís? Hay gente que gana.

VÍCTOR: –Y con ciento veinte millones se pueden hacer

cosas, ¿no? Poner un negocio, por ejemplo, en que nadie lo mande a uno. Ser el dueño.

GRINGO: –Ya se voló éste, otra vez.

VÍCTOR: –(*Sin oír.*) Y comprarse una casa, cosas bonitas... Cuadros...

GRINGO: –(*Incrédulo.*) ¿Qué cosa?

VÍCTOR: –Vi un cuadro re bonito el otro día, uno de esos del remate en Vitacura, ¿te acordái? Había salido como en cinco millones.

OLGA: –¿Era muy bonito?

VÍCTOR: –Si yo tuviera harta plata, lo habría comprado.

GRINGO: –Es una lesera pensar en esas cosas, encuentro yo.

VÍCTOR: –¿Por qué?

GRINGO: –Porque es una lesera mirar lo que no se puede tener.

VÍCTOR: –No, poh, al revés. Las cosas que no se pueden tener son las que más le gustan a uno. ¿Nunca has querido tener algo y no has podido?

GRINGO: –Claro, la moto. Pero sé que es custión de esperar un tiempo, no más. La voy a tener, tú sabís que sí. Estoy seguro y no me hago ningún problema con el asunto.

VÍCTOR: –¡Heil Hitler! Lo que yo quiero decir es que mientras más dificultades hay para conseguir una cosa, más deseos dan de conseguirlo.

GRINGO: –Según eso, entonces, todo el mundo andaría loco por conseguir algo, porque no hay nada fácil de conseguir.

VÍCTOR: –¡Claro que hay!

GRINGO: –¡Que valga la pena, digo yo!

VÍCTOR: –Sí, poh, si fuera fácil no valdría la pena... Y es

cierto, todo el mundo anda loco por conseguir algo...
todo el mundo.

GRINGO: –¿Qué cosa?

VÍCTOR: –¡Qué sé yo, poh!

OLGA: –La felicidad.

VÍCTOR: –Eso mismo. Y para unos la felicidad consiste
en tener plata, o ser famoso o... o tener una moto.

GRINGO: –No fui yo el que se compró la moto, ¿no?

VÍCTOR: –Puchas que nos pusimos densos, nos vamos
a quedar pelados de tanto pensar. (*Ríen.*)

OLGA: –¿No se les va a hacer tarde? Son casi las siete
y media.

GRINGO: –(*Levantándose.*) ¡Por la chupalla! Nos vamos
a tener que apurar. (*A* OLGA.) ¿En qué quedamos,
entonces?

OLGA: –¿Me vai a ir a buscar pa traer mis cosas?

GRINGO: –Llamo por teléfono, como a las cuatro, al
negocio.

OLGA: –Ya. (*El* GRINGO *va al closet, saca una parka y se
la pone.*)

VÍCTOR: –¿Tiene un negocio?

OLGA: –Sí. En el Pasaje Matte. Cosas de lana.

VÍCTOR: –Ah. Es buen negocio eso.

OLGA: –Sí, es bueno, en invierno... Si se le ofrece algo...

VÍCTOR: –Con la moto no voy a poder por el momento.

OLGA: –Le fío pues.

GRINGO: –(*Junto a la puerta.*) Algo se me olvida.

VÍCTOR: –Los anteojos ahumados. (*A* OLGA.) Se le olvi-
dan todos los días.

GRINGO: –(*Saca los anteojos del cajón del velador.*) Listo,
vamos a tener que irnos volando.

VÍCTOR: –Volemos, pues.

GRINGO: –(*Besa a* OLGA.) Hasta luego.

OLGA: –Chao.

VÍCTOR: –Chao.

OLGA: –Hasta luego.(*Los dos hombres salen.*)

GRINGO: –(*Afuera, alejándose.*) ¡Hasta la tarde!

VÍCTOR: –(*Alejándose.*) Apúrate, Gringo, oh... (OLGA *cierra la puerta. Se acerca a la ventana y mira hacia abajo. Se escucha el ruido de la moto, que parte y se aleja, hasta desaparecer.* OLGA *toma su pañuelo y se sienta en la cama. Afuera hay sol y de la calle comienzan a llegar ruidos de bocinas, conversaciones lejanas y todos los sonidos de la ciudad que se despierta.*)

TELÓN

SEGUNDO ACTO

Tres *meses después, un día domingo en la tarde. El departamento ha cambiado. Todo está en orden, la mesa está cubierta por un mantel y hay flores sobre el estante. Los recortes en la pared han sido reemplazados por un par de cuadritos. Por la ventana se filtra el amarillento sol de la tarde. La mesa está en el centro de la habitación. En un extremo está* OLGA, *tejiendo. En el otro,* REGINA, *terminando de pintarse las uñas Está cambiada, el día anterior ha ido a la peluquería y se ha vestido cuidadosamente.* OLGA, *en cambio, se ve algo abatida.*

REGINA: –(*Soplándose las uñas.*) Esto no se seca nunca... ¿Qué hora es? Tengo que ir a vestirme, todavía, y son más de cuarenta minutos de viaje.

OLGA: –Van a ser las seis.

REGINA: –¿Y a qué hora termina el partido?

OLGA: –Ya terminó. Deben venir de vuelta.

REGINA: –El Gringo no se pierde uno, ¿ah?

OLGA: –Siempre que le toque el domingo libre... Hoy tienen una mudanza en la noche, por eso pudo ir.

REGINA: –¿En la noche? ¡Qué cosa más rara!

OLGA: –Es algo que les quedó de ayer. Unos roperos antiguos en Lo Barnechea, me parece.

REGINA: –(*Pausa.*) Y ese niño, el Víctor, se lo pasa aquí, ¿ah? Lo he visto mucho más a él que al Gringo.

OLGA: –Sí... Toma onces con nosotros, a veces... Como vive al frente.

REGINA: –Oye... te guste o no te guste, te voy a decir una cosa. No es por pelear, ni nada, pero... No pareces muy contenta... Cuéntame.

OLGA: –No me pasa nada.

REGINA: –No me mientas, si te conozco.

OLGA: –(*Impaciente.*) ¿No le digo que estoy bien? ¿Qué quiere que le diga?

REGINA: –(*Observándola.*) Estás más delgada.

OLGA: –Y eso, ¿qué tiene que ver? ¡Estoy muy bien! Con mi eterno resfrío, claro, pero nada más.

REGINA: –Tienes que cuidarte.

OLGA: –(*Cansada.*) Si me cuido... Lo que pasa es que...

con los nervios que tiene con su comida, ve cosas que no hay.

REGINA: –No estoy nerviosa. ¿Crees que es la primera vez que me invitan a comer?... Y el Ignacio, no te creas que es como para desmayarse, tampoco. Es bastante corriente. Simpático, eso sí, muy simpático... ¿Tú crees que no debería ir a esa comida?

OLGA: –¿Por qué no?

REGINA: –No sé... En fin, ya acepté la invitación, no me puedo arrepentir. Insistió tanto el otro día, en la casa de la Hilda. Pensé que... necesito distraerme, de vez en cuando. ¡La Hilda cree que estamos por casarnos, poco menos, y me hace un gancho, la vieras tú!... Es un pan de Dios la Hilda. A los chiquillos no me acostumbro nada, son espantosos, lo único que saben son las películas, la música a todo dar, el baileteo y todas esas cosas. ¡Me enferman! ¡La juventud de hoy día! No saben nada de nada, ni de música... Por eso, a veces, echo de menos el departamento... Pero, me sentía tan sola. Una se puede morir y nadie sabe. No podía dormir, los primeros días, pensando en eso. Así que cuando la Hilda me dijo que me fuera a su casa, ¡imagínate!, le acepté al tiro... El Ignacio es cuñado de ella... Está separado de su mujer. Dicen que ella lo engañaba, creo que fue un drama horrible. Por eso ahora están separados y creo que van a anular el matrimonio... (*Pausa. Mira a* OLGA. *Se mira las uñas.*) Y el Gringo, ¿cómo se ha portado?

OLGA: –(*Con un entusiasmo ligeramente artificial.*) ¡Estupendo! Usted sabe como es, ¡tan bueno! Siempre me trae cosas... Va a ver cómo va a llegar ahora.

REGINA: –Y... ¿no le has hablado de casamiento?

OLGA: –No... pero él me ha hablado.

REGINA: –¡¿Y cómo no me habías dicho nada?!

OLGA: –Porque... ahora me estoy haciendo de rogar. Le dije que esperáramos un tiempo más... Dejó de mandarle plata a su familia, a Valdivia... hace como dos meses. Ellos no necesitan, el Gringo les mandaba para que no dijeran que era un inútil, pero... ahora quiere casarse conmigo.

REGINA: –Pero, niñita, ¡por el amor de Dios!, francamente no la entiendo. ¡Deberías haberle dicho que sí, antes que...! ¿O ya no lo quieres?

OLGA: –(*Pausa.*) Lo quiero... Claro que sí. Pero es mejor esperar.

REGINA: –¿Qué?

OLGA: –Esperar.

REGINA: –¡Me enferma cuando te haces la misteriosa! Si el Gringo quiere casarse contigo y tú lo quieres tanto, como dices, lo más lógico es que se casen. ¡Ah, ya! No te ha dicho nada. Estabas inventando. No puedes haber hecho algo tan absurdo.

OLGA: –Me dijo que iba a juntar plata para comprar un juego de dormitorio, entonces yo le dije que se comprara lo que él quería, mejor, una moto. Y se va a comprar la moto.

REGINA: –Si has hecho eso es que no tienes el menor sentido de las proporciones. ¿Crees de veras que te va a estar rogando? ¡Ni te lo sueñes! Si a él le da lo mismo estar casado o no.

OLGA: –Si no le importa casarse, ¿por qué me lo pidió, entonces?

REGINA: –¡No tienes el menor sentido de la moral, eso es lo que pasa! ¿Crees que no me da vergüenza cuando me preguntan por ti, que cómo estás? Si todos saben. La Marta se encargó de hacerlo correr,

¡con la lengüita que tiene! Y ella prefiere seguir así, antes que casarse, como Dios manda.

OLGA: –Siempre terminamos peleando.

REGINA: –Y, si sigues con esa manerita de pensar, no terminaremos de pelear nunca. ¡Dónde se ha visto! Parece que te gustara pasar por una persona poco decente.

OLGA: –No sigamos, ¿quiere?

REGINA: –Falta de educación no ha sido. De tanto consentirte te pusiste así. Tu padre tuvo la culpa.

OLGA: –No hable de mi papá. Nunca hizo nada malo.

REGINA: –(*Lenta.*) Algún día te voy a contar cosas sobre él que no sabes... ni te imaginas. (OLGA *se acerca a ella, extrañada. Golpean a la puerta y* OLGA *la abre. Entra* VÍCTOR.)

OLGA: –¡Quiubo!

VÍCTOR: –Hola... (*A* REGINA.) Buenas...

REGINA: –¿Cómo le va, Víctor? ¿Y el Grin...? ¿Y Hjalmar?

VÍCTOR: –Viene al tiro. Fue allí, no más, al servicentro de la esquina, a revisarle el arranque a la moto. Algo raro tiene. Y no me quiso soltar los paquetes con que andaba. Quiere traerlos él, llegar como viejo 'e Pascua

OLGA: –Así que le vas a vender la moto...

REGINA: –¡Ah, usted le va a vender la moto!

VÍCTOR: –Sí. Yo... voy a necesitar la plata. Me voy a Valparaíso, ¿sabe?... Me aburrí de este trabajo. Tengo un tío allá y quiero poner una de esas fruterías modernas, un minimarket, a medias con él.

OLGA: –(*Con un hilo de voz.*) ¿Y cuándo te vas?

VÍCTOR: –A fines de mes.

OLGA: –Ah...

REGINA: –Falta poco, entonces. Yo fui una vez a Valparaíso con la niña. Tenía cerca de cuatro años, creo.

¡Tanto tiempo que ha pasado! (*A* VÍCTOR.) Le dio fiebre aftosa, fijesé, y la tuvimos que pelar al rape a la pobrecita. Teníamos una empleada que se llamaba Isabel y, cuando la niña se quedaba solita en alguna parte, iba hasta la puerta del jardín y la llamaba. Pero como no podía decir Isabel, gritaba toda llorosa: "Isa, Isa, ven a buscar a tu pelaíta".

OLGA: –Le cuenta esa historia a todo el mundo.

REGINA: –¡Es que es tan tierna!, ¿no halla? Imagínese, a gritos por la casa: "¡Isa, Isa, ven a buscar a tu pelaíta!"

OLGA: –¡Mamá!

REGINA: –¿Y por qué te da vergüenza? Fue hace tantos años... Una ni se entera como pasa el tiempo... (*Mira su reloj.*) ¡Uy qu'es tarde! Voy a tener que apurarme. Con permiso. (*Entra al baño y cierra la puerta. Larga pausa.*)

OLGA: –Así que te vas.

VÍCTOR: –Sí.

OLGA: –¿Por qué?

VÍCTOR: –Tú sabes.

OLGA: –No sé.

VÍCTOR: –Me voy por... por el Gringo. Yo, antes que hacerle pasar un mal rato al Gringo, prefiero irme a cualquier parte. ¡Es un gallo macanúo!, ¿no?... Para mí es como un hermano... Cuando lo conocí yo era la persona más inútil del mundo, mucha fiestanga, cerveza... y todo eso. Recién me había retirado de un trabajo, para que no me echaran, y él me hizo ver que podía hacer cosas... Y nada de consejos, ¿ah? Me invitaba a tomar una malta y a conversar... Es lo que yo llamo un tipo sano y, sobre todo... un tipo serio. En el fondo yo soy serio, también. Yo creo que por eso hemos llegado a ser tan amigos. Y cuando se juntan tres personas serias, lo único que puede ocurrir son cosas serias.

OLGA: –Sí... Yo creo, también.

VÍCTOR: –Y si me quedo aquí voy a terminar por desilusionarlo. No es eso justamente, pero...

OLGA: –Yo entiendo.

VÍCTOR: –Hay gente que tiene buena suerte y otros que tienen mala... eso es todo.

OLGA: –Sí.

VÍCTOR: –Si fuera cualquier otra persona, no me importaría, ¡pero es él!... Y si te he dicho esto es porque creo que tú sentís... que tú sientes... Era la última ocasión... Mañana no voy a venir porque... prefiero no venir más.

OLGA: –¿No vas a venir mañana?

VÍCTOR: –Es mejor que no. No se puede hacer nada.

OLGA: –No sé... A lo mejor hay... una manera.

VÍCTOR: –¿Cuál?

OLGA: –No sé... Debe haber una manera...

VÍCTOR: –Todos los días el Gringo me cuenta lo feliz que es. Lo que te quiere.

OLGA: –Pero yo...

VÍCTOR: –(*Interrumpiéndola, angustiado.*) Tú no sabís lo que fue encontrarlo, para mí... es decir, fue como nacer de nuevo... Me convenció de que diera el examen en la Empresa para conseguir el puesto, ¡hasta me prestó plata! Y todo porque... porque es bueno. Me vio desesperado y me ayudó. Cuando te trajo aquí... (*La mira.*) Han pasado tres meses... Cuando te trajo estaba tan complicado. Como no podía casarse, todavía, pensaba que no debía traerte... Y yo le dije: "Dile, no más, si ella acepta es porque quiere."... (*Mira al suelo.*) Y fue una gran suerte porque así pude conocerte... y muy mala suerte, también, porque... (OLGA *se acerca muy lentamente a él.*) Así es que el único remedio es irse. (*La mira.*) Y las cosas que quisiera decirte, no las voy a poder decir nunca... Ahora, es como si nos estuviéramos despidiendo, aunque después tomemos onces y conversemos... Va a ser la última vez. (*Están peligrosamente cerca. Entra* REGINA *y la pareja se separa sin brusquedad.*)

REGINA: –(*Dirigiéndose hacia la mesa, donde ha dejado su cartera.*) Los polvos... (OLGA *retoma su tejido.*)

VÍCTOR: –Bonita la chomba, ¿es para el Gringo?

OLGA: –Sí...

VÍCTOR: –Al Gringo le gustan las chombas gruesas... Voy a abrigarme un poco más, ¿alcanzo a ir? En la noche hace frío y terminamos tarde.

REGINA: –No puedo entender que hagan mudanzas un domingo en la noche.

VÍCTOR: –Una serie de problemas juntos. No había otra forma.

REGINA: –Qué sacrificado. (*Saliendo con la polvera en la mano.*) Con permiso, ya vengo. (*Entra al baño.*)

OLGA: –Me dio tanta vergüenza, endenantes, cuando mi mamá empezó a contar esa historia de cuando yo era chica. Todo el mundo se la sabe de memoria.

VÍCTOR: –¿Cómo era que gritabas?... "Isa, ven a buscar a tu pelaíta". ¿Así?

OLGA: –No te acuerdes... Era cuando me quedaba sola y tenía miedo. Era una casa tan grande y tan oscura, me parecía el mundo entero... En el jardín había un manzano muy viejo...

VÍCTOR: –Y ahora, cuando tienes miedo, ¿qué dices?

OLGA: –Nada. Ahora soy grande. (*Se abre la puerta de entrada y aparece* HJALMAR *con varios paquetes: pasteles, galletas, y frutas, una revista deportiva y dos botellas de cerveza.*)

GRINGO: –Quiubo, quiubo. (*Entregándole los paquetes a* OLGA.) Tome. Para usted, para usted y para usted.

OLGA: –Te vuelves loco comprando cosas.

GRINGO: –(*Al dejar las botellas de cerveza sobre la mesa, ve la cartera de* REGINA.) Tu mamá no se ha ido todavía, ¿ah?

OLGA: –No. Está en el baño, arreglándose para irse. Tiene una comida.

GRINGO: –Ah. (*Deja la revista y la casaca sobre la cama. Se pasa la mano por el pelo.*) Siempre me da un poco de susto. Las suegras son todas medio temibles. (*Ríe.*)

OLGA: –(*Abriendo los paquetes.*) ¿Para qué trajiste tanta cosa? No te va a quedar nada para fin de mes.

GRINGO: –Es que, con tanto gritar en el partido, ¡me dio un hambre!

OLGA: –(*Por decir algo.*) Voy a preparar las onces.

GRINGO: –(*A* VÍCTOR.) Y a ti, ¿qué te pasa? Yo daba bote con cada gol que metían y tú ni pestañabai. ¿Estái enfermo?

VÍCTOR: –No... Estoy cansado. Dormí mal. (REGINA *sale del baño.*)

REGINA: –¿Cómo le va, joven? Medio perdido andaba.

GRINGO: –¿No les dijo Víctor? Fui a revisar la moto, a la esquina, la dejé allá... ¿Cómo ha estado usted?

REGINA: –De lo más bien. Ahora tengo una comida, esta noche. Me invitó Ignacio Ruiz, un señor jubilado de los Ferrocarriles, así es que no me voy a poder quedar a tomar té (*mira el reloj*) que, por lo que veo, van a ser onces-comida parece... Me lo he pasado la tarde entera mirando el reloj.

GRINGO: –Pero todavía falta mucho rato para la hora de comida.

REGINA: –Es que tengo que ir a la Plaza Egaña, ¡figúrese!

Ir y volver.

GRINGO: —Es que para qué se fue a vivir tan lejos, también, pues.

REGINA: —Para no estar sola, por eso. (*Silencio incómodo.*)

VÍCTOR: —(*Tratando de romper la tensión.*) Vamos a tener que formar el Club de los Guachos, ¿ah?

REGINA: —¿Usted anda guachito?

VÍCTOR: —Totalmente botado.

REGINA: —(*Se pone el abrigo, ayudada por el* GRINGO.) ¡Pobrecito! Pero no se preocupe, en Valparaíso va a encontrar compañía al tiro. Va a ver.

GRINGO: —Te van a perseguir con lazo las porteñas. Pero no te dejís cazar, que, cuando te cazan, ¡uno está frito!

REGINA: —Mire, los consejos que le da. No le haga caso, Víctor, se queja de puro lleno. Bueno, ahora me voy.

GRINGO: —¿Así que no se va a quedar a tomar onces?

REGINA: —Si no voy a poder. ¿Que no le conté la historia?

VÍCTOR: —Yo la acompaño hasta abajo. Voy a mi casa a ponerme algo más grueso. ¡En la noche hace un frío!

REGINA: —(*Besando a* OLGA.) Hasta luego, y piensa en eso de que hablamos.

OLGA: —Sí. Hasta mañana.

GRINGO: —(*Abriendo la puerta y dándole la mano a* REGINA.) Hasta luego... y perdone la demora.

REGINA: —Hasta luego.

VÍCTOR: —(*Al* GRINGO.) Vuelvo al tiro. (REGINA y VÍCTOR *salen.*)

GRINGO: —(*Cerrando la puerta.*) Chao. (*Se saca el sweater.*) Yo también me voy a cambiar, esta camisa es muy delgada... Pero hace calor aquí adentro. Está temperado.

OLGA: —Tu camisa no tiene ningún botón.

GRINGO: —Tiene uno.

OLGA: –Esta noche le voy a pegar los demás.

GRINGO: –Ya. (*Se acerca a ella y la besa en el cuello.* OLGA *se aparta bruscamente.*) ¿Qué pasa?

OLGA: –Víctor va a volver.

GRINGO: –Sí, pero...

Olga: –¿Estuvo bueno el partido?

Gringo: –Sí, pero empataron... Fíjate que cuando estaba en el Estadio, no sé por qué, me acordé de una cosa, tú te vas a reír, una tontera que le hacía a las cabras con que pololeaba, en Valdivia... Una prueba de amor, decía yo... (*Cierra los ojos.*) ¿De qué color tengo los ojos?

OLGA: –(*Desconcertada.*) ¿De qué color?

GRINGO: –Sí.

OLGA: –(*Vacila.*) Eh... cafés.

GRINGO: –(*Intenta mantener la sonrisa.*) ¿No has notado nada más?

OLGA: –(*Simulando gran seguridad.*) No, claro que no. Tienes los ojos cafés. ¡Ábrelos! (*Él abre los ojos y ella lo mira.*) Tienes un ojo café y el otro verde...

GRINGO: –(*Tratando de sonreír.*) No te habías fijado.

OLGA: –No.

GRINGO: –Bueno... no se nota demasiado. Cuando cabro yo pensaba que eso me hacía muy diferente a los demás. Pero claro, no se nota mucho.

OLGA: –Ahora no sé cómo no me había fijado.

GRINGO: –A lo mejor no me habías mirado hasta ahora... (*Se saca la camisa y busca otra en el closet. Saca una camisa de lana y se la pone. Tiene pocos botones, pero no dice nada.*) Parece que somos pocas las personas que tenemos los ojos así. Cuando chico la diferencia de color se notaba más y la gente se lo pasaba mirándome a los ojos y diciendo "¡Qué raro!" (*Se acerca a*

OLGA.) ¿Cómo va ese tejido?

OLGA: –(*Que ha empezado a tejer otra vez.*) Estoy empezando la manga.

GRINGO: –No tejas ahora, hasta que me vaya, ¿ya ? (*Le quita el tejido con suavidad.*) ¿Quieres fumar?

OLGA: –Bueno. (*Él enciende dos cigarrillos y le pasa uno.*)

GRINGO: –Cuéntame algo.

OLGA: –¿Qué?

GRINGO: –Cualquier cosa.

OLGA: –No se me ocurre nada... Dormí mal.

GRINGO: –Sí, cuando yo llegué, anoche... estabas hablando en sueños.

OLGA: –¿Dije algo?

GRINGO: –Claro.

OLGA: –¿Qué?... ¿Qué dije?

GRINGO: –Algo terrible. Conozco todos tus secretos.

OLGA: –(*Leve pausa.*) ¿Cuál, por ejemplo?

GRINGO: –(*Ríe.*) No, si no entendí... Tú no has querido decirme nada, pero yo sé que algo te pasa. Estás nerviosa y callada conmigo. No es como antes... Estás como cansada.

OLGA: –(*Débilmente.*) No... Es que me he sentido un poco mal.

GRINGO: –Claro, pero aparte de eso... Yo te quiero, me gustaría ayudarte en lo que fuera. Somos marido y mujer.

OLGA: –No nos hemos casado, Gringo.

GRINGO: –¿Es por eso? (*Se arrodilla a su lado.*) ¡Pero si te dije! A fin de año nos vamos a casar. (OLGA *llora.*) ¿Qué te pasa? ¿Por qué lloras? ¿Qué pasa?

OLGA: –(*Llorando.*) No me voy a casar contigo, Gringo, no me voy a casar.

GRINGO: –¿Por qué no? ¿Qué pasa? ¡Tienes que decirme!

OLGA: –No puedo casarme contigo, no puedo... (*Casi gritando.*) ¡Ojalá no hubiera venido nunca! ¡No sé cómo pude aguantar! Estoy cansada... ¡Estoy tan cansada!

GRINGO: –(*Acariciándola.*) ¿Qué pasa? No llores.

OLGA: –(*Se aparta violentamente, gritando.*) ¡Suéltame! ¡No me toques! ¡No quiero verte nunca más! ¡No te quiero! ¡Nunca te quise! (*Él se queda anonadado.*) ¡Todos los días pensaba: Hoy le voy a decir, hoy le voy a decir!... Y el tiempo pasó. ¡Pero ya no puedo más!... No puedo seguir haciendo como que te quiero mucho, porque no es verdad... (*Llora desesperadamente sobre la cama.*) Vivíamos juntos y no me atrevía a decirte nada. No sé qué pasó... de repente... me sentí como perdida, otra vez... (*Lo mira.*) No estés así, por favor... Traté de decirte... ¡Traté!... Pero, ¿cómo? (*Él se levanta y se dirige hacia la puerta. OLGA corre hacia él y lo sujeta con fuerza.*) ¡No te vayas! ¡Tengo que explicarte! ¡Tienes que entender!... Yo creí que esto era la felicidad, no te estaba engañando... Yo creía sinceramente. (*Lo remece.*) Dime algo. ¡Di algo! (*Él se suelta de un tirón.*) Nadie tuvo la culpa... fue algo que pasó... así... y no tiene remedio. Si uno supiera con seguridad lo que debe hacer, lo haría... pero nunca se sabe lo que va a ocurrir. (*Larga pausa.*)

GRINGO: –Te dejaste llevar.

OLGA: –Sí.

GRINGO: –Y te equivocaste.

OLGA: –Es que... parecía la única posibilidad.

GRINGO: –Pero no era.

OLGA: –Me equivoqué.

GRINGO: –Sería bueno que con decir "Me equivoqué", todo estuviera arreglado.

OLGA: –Me gustabas mucho, Gringo.

GRINGO: –Pero yo te pregunté si me querías... Y tú... te viniste a vivir conmigo, sin quererme... Y ahora resulta que todo lo que ha pasado este tiempo es mentira.

OLGA: –No te estaba engañando. Yo creía, sinceramente, que esto era lo mejor.

GRINGO: –Pero tú no eres una niñita chica. ¡Sabes lo que haces!, ¡no podías equivocarte así!

OLGA: –Tuvimos mala suerte, Gringo. ¡Yo te habría querido tanto! Pero... apareció él...

GRINGO: –(*Volviéndose hacia ella.*) ¿Él?

OLGA: –Sí.

GRINGO: –¿Quién?

OLGA: –Yo te lo iba a decir... de todas maneras.

GRINGO: –(*Ronco.*) ¿Quién?

OLGA: –(*Cansada.*) Víctor.

GRINGO: –(*Furioso.*) ¡Eres una mierda!... ¡Tú y él son lo...! (*Se vuelve para irse.* OLGA *lo sujeta.*) ¡Suéltame! (*La coge de los brazos y la empuja al suelo.*) Ahora soy yo el que no quiere saber nada contigo... ¡Uno puede aceptar todo, cualquier cosa, menos que lo engañen!... ¡Y mi amigo del alma, mi gran amigo, mi alma gemela!... ¡Cuando lo encuentre le voy a romper el hocico a patadas!

OLGA: –¡Él no sabe que yo lo quiero, nunca le he dicho nada! ¡Él no sabe!

GRINGO: –Y él, ¿tampoco te ha dicho nada?

OLGA: –¿Qué iba a decir? Se dejaría matar por ti.

GRINGO: –(*Da rienda suelta a su rabia dándole un manotazo a las botellas de cerveza que están sobre la mesa, que se revientan. Eso lo calma levemente.*) Me lo merezco... Siempre fui estúpido, desde chico. Nunca me daba cuenta de lo que todos sabían... A mí es muy fácil engañarme, no me doy cuenta, siempre creo que la gente es limpia y decente, que estoy tratando con personas... y toda la vida me equivoco. ¡Pero ya no voy a ser más el idiota, pierde cuidado! ¡Estoy aprendiendo!... ¡Haz lo que quieras! ¡Dile!

OLGA: –¡¿Qué le voy a decir?!

GRINGO: –¡Que lo quieres! ¡Dile!, ¡no me importa! ¡Ándate con él y revienta! (*Le da un puntapié al piso.*) Por eso me vendió la moto, ¿ah?... ¿Por eso se va?... Ah, se van los dos...

OLGA: –No. No puedo decirle nada. Nos vio vivir juntos.

GRINGO: –¿Tú crees que le va a importar? ¿Tú crees que a alguien le importa que una persona viva con otra? Si eso ya no significa nada. Ya no tiene importancia. A nadie le importa. Con decirle que no me has querido nunca, listo. Claro que, ¿se puede confiar en una mujer que se va a vivir con un tipo, sin quererlo?

OLGA: –No, claro. No se puede confiar.

GRINGO: –(*Casi dulcemente.*) Pobre. Te tengo lástima... y me tengo una gran lástima a mí mismo, ¡y a todo el mundo!... No me importaría que todo se fuera al diablo. Esto está podrido.

OLGA: –No digas eso.

GRINGO: –Tú me lo enseñaste. Estoy dándote mi lección... (*Con gran tristeza.*) Y mi gran amigo...

OLGA: – Él no sabe que yo lo quiero.

GRINGO: –Ahora es asunto tuyo, no mío. Estoy fuera... me dejaste fuera... Dile. Va a venir. Todavía es tiempo... Yo no abriré la boca.

OLGA: –No puedo, ¡no puedo! ¿Cómo... cómo hacerle entender que...?

GRINGO: –(*Abraza a* OLGA *con desesperación.*) ¡Te quiero! ¡Te quiero tanto!... ¿No se puede... hacer nada? (*Golpes en la puerta. El* GRINGO *suelta a* OLGA *lentamente y se sienta en la cama.* OLGA *recoge el piso y va hacia la puerta. La abre. Entra* VÍCTOR, *que se ha cambiado de ropa. Mira las botellas rotas de cerveza. No lo comenta.*)

VÍCTOR: –Hola.

OLGA: –Hola.

GRINGO: –(*Haciendo un gran esfuerzo.*) Hola.

VÍCTOR: –Tan serios que están.

GRINGO: –Estábamos hablando de cosas tristes. (OLGA *saca las tazas, echa el café, el azúcar y el agua caliente.*)

VÍCTOR: –(*Recogiendo una botella de cerveza.*) Mejor hablar de cosas divertidas, ¿no es cierto? Lo malo es que, cuando trato de ser divertido, me pongo espantosamente fome... y cuando debo estar serio, se me ocurren toda clase de leseras. (*Silencio.*) Acompañé a tu mamá al paradero, como está oscuro...

OLGA: –¿Sí?... ¿Y qué decía?

VÍCTOR: –Nada especial... (*Se acerca a la ventana.*) ¡Qué lástima que no se vea la cordillera desde aquí! La voy a echar de menos cuando esté en Valparaíso... Si alguna vez van por allá tienen que avisarme, ¿ah? Y, a lo mejor, un día, ¿cómo sabes?, me voy de marino en un barco a... a una isla en alguna parte. Una isla como las que salen en las películas, con palmeras y con un mar azul y tibiecito. (*A* OLGA.) El Gringo siempre se ríe cuando hablo de eso. Dice que no voy a ir a ninguna parte.

GRINGO: –No sé... Pueden pasar muchas cosas.

VÍCTOR: –No, si es cierto lo que dices tú. Nunca voy a ir a ninguna parte. Me falta... ¡qué se yo qué!... Ser más... En el fondo, tienes toda la razón, soy pura boca. Hablo y hablo, me lo paso en la luna y no hago nada.

OLGA: –(*Poniendo las tazas sobre la mesa.*) Está servido. (*Se sienta en silencio. El* GRINGO *es el último en hacerlo.*

No hablan durante un largo rato.).

VÍCTOR: –Última vez... (*El* GRINGO *lo mira.*) El turno de
  noche. ¿Te gusta a ti?

GRINGO: –Me da lo mismo.

OLGA: –Sírvanse pasteles. (*El* GRINGO *saca un cigarrillo
  y lo enciende.*)

VÍCTOR: –Ya. Gracias. (*Saca un pastel.*)

OLGA: –(*Al* GRINGO.) ¿Quieres?

GRINGO: –(*Duro.*) Voy a fumar.

OLGA: –¡Qué calor hace aquí! Tengo ganas de salir y
  respirar aire puro. (*El* GRINGO *apaga el cigarrillo.*)
  ¡No!... No quise decir que me molestaba.

GRINGO: –(*A* VÍCTOR.) Estoy nervioso por el asunto de
  Carrasco... ¿Qué crees que le van a hacer?

VÍCTOR: –Nada. Tenía luz verde. Y el tipo estaba medio
  curado, además. Lo descubrieron en la autopsia.

GRINGO: –Es un asunto bien feo.

VÍCTOR: –(*Asiente.*) Mmm.

GRINGO: –Algunos dicen que el tipo se tiró al paso de
  la máquina.

VÍCTOR: –No creo. Estaba curado y se lanzó a cruzar la
  calle con luz roja.

GRINGO: –A lo mejor.

VÍCTOR: –Bueno, en todo caso, si se quiso matar o no,
  ya no lo sabremos nunca.

GRINGO: –Claro.

VÍCTOR: –(*A* OLGA.). Estábamos hablando de...

OLGA: –Sí. El Gringo me contó. (*Pausa.*)

GRINGO: –(*Mirando su reloj.*) Parece que es hora de irse,
  ya. (*Se levanta.*)

VÍCTOR: –¿Ya? (*Mira su reloj.*) De veras...

GRINGO: –Tengo que ir a buscar la moto al garaje. (*Con
  dificultad.*) Si quieres te quedas aquí, por...

VÍCTOR: –(*Vacila.*) No. Te acompaño... (*El* GRINGO *va al closet y busca su casaca.* VÍCTOR *mira a* OLGA.) Se pasó luego el tiempo.

OLGA: –Sí.

GRINGO: –(*Mirando fijamente su llavero, junto a la puerta.*) Hasta luego...

OLGA: –Hasta luego.

GRINGO: –(*Tratando de sonreír.*) Algo se me olvida...

VÍCTOR: –Supongo que no necesitas los anteojos ahumados de noche.

GRINGO: –(*Mira a* OLGA.) No... no son los anteojos ahumados... Después me voy a acordar. Vamos. (*Sale.*)

VÍCTOR: –Buenas noches...

OLGA: –Buenas noches...(VÍCTOR *sale, cerrando la puerta. Ella se levanta y se para frente a la puerta, como esperando que alguno de los dos vuelva. Va al closet, aparta la cortina y saca su ropa, que deja sobre la cama. Saca una maleta, que está debajo de la cama, echando la ropa en su interior. Toma su pañuelo de seda y da unos pasos, como perdida. Pausa leve. Con voz un poco infantil, triste*). Isa... Isa..., Ven a buscar a tu pelaíta... Isa... Isa... Isa ... (*La luz se apaga lentamente.*)

FIN

EL PARAÍSO SEMIPERDIDO

Comedia en un acto

PERSONAJES

DIOS

ÁNGEL

DIABLO

EVA

ADÁN

El montaje de esta obra debe estar totalmente alejado de la representación convencional de los personajes que participan en ella. Así Dios *será un caballero bonachón, autoritario y tierno con todas las trazas de un patrón de fundo; el* Ángel *no tendrá alas y será más bien un muchachote simple de pantalones cortos y chupalla; el* Diablo *no tendrá ni cola, ni cuernos, ni pera, ni bigote; y, finalmente,* Adán *y* Eva *formarán una pareja corriente y, desde luego, estarán vestidos. Esta obra es un juego ingenuo, casi infantil, que sólo tiene la misión de despertar la ternura y la alegría en el espectador, por lo tanto debe estar hecha con alegría, ternura y sencillez.*

Decorado: *Al fondo del escenario hay una cámara negra y, a cada lado, dos rompimientos con grandes hojas azules pintadas sobre un fondo celeste. En el centro del escenario hay un árbol dorado con una sola manzana entre sus ramas; el árbol no tiene una sola hoja. Al fondo, delante de la cortina negra, carteles de diferentes tamaños con las siguientes leyendas: "No comer manzanas". "Se ruega no comer manzanas". "No coma manzanas". "¡Prohibido comer manzanas!". "Las manzanas hacen muy mal para la salud del cuerpo". Al lado izquierdo, cerca del árbol hay una escalera de tijera y algunos maceteros con grandes flores amarillas y violetas. Sentado en el banco que rodea el tronco del árbol, está* Dios, *que es un caballero muy simpático que tiene todo el aspecto de un jardinero. Está armando una nueva flor y pega cuidadosa-*

mente los pétalos con goma. El ÁNGEL *riega las macetas, muy concentrado en su tarea. Los dos cantan.*

DIOS: –¡Angelito!... Hay que abonar las petunias, pero que no se te pase la mano, como con el girasol, que ha crecido tanto que ya parece palmera. ¿Le pusiste agua a los cocodrilos?

ÁNGEL: –Sí, señor Dios.

DIOS: –¿Le acortaste la trompa al elefante?

ÁNGEL: –(*Después de pensar un momento, avergonzado.*) No...

DIOS: –No se te vaya a olvidar.

ÁNGEL: –¡No! ¿Cómo se le ocurre?

DIOS: –(*Después de una pequeña pausa.*) Angelito... ¿Qué te parece esta flor? La acabo de terminar. Es bastante bonita, ¿no? Sencilla... decorativa. ¡Se verá muy bien!

ÁNGEL: –(*Vacilando.*) Tal vez si los pétalos fueran un poco más grandes...

DIOS: –No, ni pensarlo. Quedaría igual a la dalia... A ver, ¿qué nombre le pueda venir a esto? Di algunas palabras.

ÁNGEL: –Jirafa.

DIOS: –Jirafa, jirafa... me suena más como nombre de animal.

ÁNGEL: –Ornitorrinco... mandrágora... umbelífera... hipertrofiada... ectoplasmática...

DIOS: –No... no. Sólo se te ocurren palabras complicadas. A ver... a ver. ¡Ya sé! ¡Margarita!

ÁNGEL: –Es bastante complicada también.

DIOS: –Sí, pero suena mejor que ornitorrinco, por lo menos.

ÁNGEL: –(*Rezonga.*) Ch... Sí. Pues...

DIOS: –Sí, pues.

ÁNGEL: –(*Suspira.*) ¡Ah! Ornitorrinco es una palabra muy especial. Es bonita. Un día, cuando invente una nueva variedad, algo muy distinto, con un poco de pájaro, de pez y de animal, póngale ese nombre, ¿quiere?

DIOS: –Bueno, serás el padrino. (*El* ÁNGEL *da saltitos de gusto.*) Bien... esta tarde tengo trabajo serio. Voy a fabricar una estrella de cien mil billones de toneladas y eso lleva tiempo, tú sabes, así es que me voy. (*Suspira.*) ¿Está listo el taller de cerámica?

ÁNGEL: –Sí.

DIOS: –¿Hiciste traer la greda y los metales?

ÁNGEL: –Sí... Oro no queda mucho, ¿ah?

DIOS: –No importa... (*Le pasa la flor.*) Toma, haz sacar una docena de copias... ¡Ah! (*Se estira, el* ÁNGEL *se contagia y bosteza y se estira también.*) Qué ganas de tomarme la tarde libre, pero no, no puedo... Me gustaría hacer un cometa hoy día... algo inolvidable y complicado... Desde que construí la Tierra y el Sol no he quedado muy satisfecho con mis otros trabajos.

ÁNGEL: –(*Consolador.*) Pero la Luna le quedó muy bien.

DIOS: –¡Qué hallazgo!, ¿verdad? Al próximo planeta que haga le pondré unas tres o cuatro lunas, por lo menos...

ÁNGEL: –¡Qué bonito! ¡Ah! ¿Y si viene Lucifer?

DIOS: –Dile que salí. Y que no se atreva a pasar el muro disfrazado de lagartija otra vez; que si lo sorprendo molestando a los niños lo condeno a una eternidad doble de castigo. ¡Es el diablo de porfiado!... Y que Eva no toque la manzana.

ÁNGEL: –Señor Dios, si no es indiscreción, ¿por qué no quiere que doña Eva coma manzana? ¿Es venenosa?

DIOS: –No. ¡Qué ocurrencia!

ÁNGEL: –En realidad... yo... bueno, he pensado mucho al respecto y no he logrado dar con el motivo por el cual una manzana puede caer tan mal.

DIOS: –No olvides que es un secreto.

ÁNGEL: –¡Ah! Sí..., perdón.

DIOS: –Es el único secreto que tengo...

ÁNGEL: –Claro... entiendo muy bien.

DIOS: –Pero tengo confianza en ti.

ÁNGEL: –(*Excitado.*) ¿Me lo contará? ¿De veras? ¡Qué emocionante! Tiene que ser algo tan increíble, tan importante. No seré capaz de resistirlo.

DIOS: –(*Interrumpiéndolo.*) Lo que pasa, hijo, es que hay que hacerse respetar por estos niños. Deben aprender que todo tiene un orden y que hay jerarquías. Es algo que tienen que aprender para que después se lo enseñen a sus hijos, nietos y bisnietos. De lo contrario pasarían muy malos ratos. Los jóvenes siempre tienden a creer que son lo más importante... Son lo más importante, pero no es conveniente que lo sepan.

ÁNGEL: –(*Desilusionado.*) De modo que la manzana es pura....

DIOS: –   Pedagogía... ¡Ay! ¡Qué difícil es educar a los niños! Sobre todo cuando no son tan niños ya. De todas maneras ser el padre y la madre de estas criaturas es algo delicioso. Son ingenuos, fuertes y débiles al mismo tiempo. Me enternezco. (*Estira la mano y el* ÁNGEL *le pasa un pañuelo para secar las lágrimas de emoción. Se lo devuelve y el* ÁNGEL *lo guarda.*) Después de todo son lo más perfectamente imperfecto que he creado en mi vida.

ÁNGEL: –(*Haciendo pucheros.*) Sí, son maravillosos.

DIOS: –Angelito... no te molestes por lo que dije. Ustedes los ángeles son maravillosos también..., pero tú sabes; son ustedes tan seguros, tan fuertes, tan perfectos. Ellos son débiles y mortales. Basta un golpe fuerte para que se rompan. Son tan bellos porque son tan breves y es por eso que las flores más hermosas son las que duran menos.

ÁNGEL: –Ahaaaa...

DIOS: –Sí, pues... Y ahora me voy. Esa estrella tiene que nacer hoy día sin falta. Cada día una estrella. ¡Hay que llenar el infinito!... ¿Sabes una cosa? Crearé otros mundos después. Con mares y ríos y bosques.

ÁNGEL: –¿Y gente?

DIOS: –Claro que sí. Otro Adán, otra Eva. Crearlos es emocionante. (*Saliendo.*) A decir verdad ya estaba medio cansado de hacer ángeles y flores y pájaros... No te olvides de las margaritas.

ÁNGEL: –¡Ay!... Perdóneme, señor Dios, pero... ¿cuántas dijo que hiciera?

DIOS: –Una docena.

ÁNGEL: –¡Ah, ya! Hasta luego.

DIOS: –Hasta más rato. (*Sale.*)

ÁNGEL: –(*Coge la flor y la huele.*) ¡Se le olvidó ponerle olor! (*Se vuelve hacia los carteles y los lee en voz alta.*) No comer manzanas. Se ruega no comer manzanas. No coma manzanas. Prohibido comer manzanas. Las manzanas hacen mal para la salud del cuerpo. (*Mira la manzana de cerca.*) ¿Qué gusto tendrá? Debe tener un sabor muy especial. ¿Y si yo?... (*Por la izquierda aparece una mano celeste con un cartel que dice: "¡No!".*) Pero... (*Por la derecha aparece otra mano celeste con un nuevo cartel que dice: "Ni por nada"*)... bueno... qué se le va a hacer... Pero ¿no hay modo de...? (*Otro cartel que dice: "No insista".*)... Sí, ya sé... o se es ángel o se comen manzanas. (*Suspira y sale, apenas desaparece, el* DIABLO *asoma la cabeza por el lado contrario al que salió* el ÁNGEL. *Entra en punta de pies para no hacer ruido*).

DIABLO: –(*Leyendo de espaldas al público.*) No comer manzanas. Se ruega no comer manzanas. No coma manzanas. Prohibido comer manzanas. Las manzanas hacen muy mal para la salud del cuerpo... Es roja como una llama. ¡Y tiene un suave olor! (*Aspira.*) ¡Mmmm! Es decididamente tentadora. (*Alarga el brazo para cogerla.*)

ÁNGEL: –(*Apareciendo de repente.*) ¿Buscaba a alguien?

DIABLO: –(*Salta de susto.*) ¡Ay! ¡Qué poca consideración!... Me ha dado un susto. Y con lo débil que he estado del corazón.

ÁNGEL: –¿Sí? Debe ser el calor.

DIABLO: –(*Ingenuo.*) ¿Qué calor?

ÁNGEL: –¿Buscaba a alguien?

DIABLO: –Eh... pues... no ...

ÁNGEL: –¿Deseaba algo?

DIABLO: –No, gracias. Nada... ¿Este es el único manzano que tiene que cuidar?

ÁNGEL: –Sí.

DIABLO: –Sin embargo me pareció que había uno cerca del río.

ÁNGEL: –Ese no es un manzano. Es un eucaliptus.

DIABLO: –Ah... Es que son tan parecidos.

ÁNGEL: –¿Usted cree?... ¿Y bien?

DIABLO: –(*Inocente.*) ¿Y bien?

ÁNGEL: –(*Impaciente.*) ¿Qué es lo que quiere?

DIABLO: –¿Yo?... Pues... No, manzanas no quiero. Tampoco quiero el pétalo de las flores. Ni lo dulce de los ríos, ni lo salado del mar. No quiero ni la hoja, ni la rama, ni la fruta, ni la nube, ni la lluvia, ni la nieve. Ji, Ji.

ÁNGEL: –No me venga con trabalenguas, ¿quiere? ¿¿Qué

desea?!

DIABLO: –No se sulfure, no se sulfure. Oh, perdón... paciencia, amigo, paciencia. Pero, ¿cómo es esto? ¿Dónde se ha visto un ángel impaciente? (*El ÁNGEL tose y pone cara de ángel*). A ver, cuénteme, ¿lo interrumpí?, ¿qué estaba haciendo?

ÁNGEL: –(*Simpático y sonriente.*) Mire, yo estaba armando una... Oiga, ¿usted cree que soy tonto?

DIABLO: –¿Yo? ¡No! ¿Por qué habría de creer que usted es tonto? ¿Tonto?... Vamos, reconozca que jamás he dicho que es tonto... Pero no discutamos más y libremos nuestros espíritus de toda traba.

ÁNGEL: –Oiga, ¿qué pretende usted? ¿Por qué habla tanto? Me tiene medio mareado.

DIABLO: –(*Dichoso.*) ¿Sí? No fue esa mi intención. Solamente quise distraerlo. Sacarlo de este lugar que parece deprimirlo. Es un sitio insalubre y mal asoleado, por eso yo había pensado que podría ir a volar por allí o por allá.

ÁNGEL: –¡Si cree que le voy a dejar el terreno libre, se equivoca! No pienso volar a ninguna parte.

DIABLO: –(*Moviendo la cabeza.*) Tch, tch, tch, tch. ¡Qué mal genio! Se está echando años encima con ese temperamento. Lo que usted debe hacer es sentarse junto al río y descansar.

ÁNGEL: –¿Qué es eso?

DIABLO: –Usted es bien ángel para sus cosas, le diré. No me va a decir que no sabe lo que es descansar.

ÁNGEL: –No.

DIABLO: –Siempre lo digo. Dios es un explotador.

ÁNGEL: –¿Qué es descansar?

DIABLO: –Es... tener mucho que hacer y no hacer nada.

ÁNGEL: –¿Para qué?

DIABLO: –Imagínese... Una colina verde... arriba un castaño, abajo un arroyo, la brisa agrupando las nubes sobre el azul del cielo, los pájaros trinando, las abejas zumbando y usted roncando debajo del castaño.

ÁNGEL: –(*Imaginándoselo.*) ¡Qué bonito!

DIABLO: –Dormir la siesta. Sentir que se tienen alas hasta en las rodillas. Vamos. Apurémonos antes que nos ocupen el lugar.

ÁNGEL: –(*Soltándose.*) ¡Es que tengo que cuidar esto, pues!

DIABLO: –Entonces me voy... (*Simula que va a salir.*)

ÁNGEL: –¡Oiga! ¿Usted cree que necesito, realmente, dormir la siesta?

DIABLO: –¡Por supuesto que sí! Se ve muy cansado. Me imagino que tendrá mucho trabajo con tanto cuidar manzanos y manzanas. Lo comprendo, si estuviera en su lugar también estaría agotado. Cálmese.

ÁNGEL: –Pero... yo... yo no me siento muy cansado... Además Dios no está. Me dijo que no lo dejara pasar si venía disfrazado de lagartija.

DIABLO: –Pero yo no vengo disfrazado de lagartija.

ÁNGEL: –No...

DIABLO: –¿No le tienta la idea de meter los pies en el agua?, ¿ah? Se le van a quitar las ojeras y se va a sentir divinamente... este, quiero decir... más divinamente.

ÁNGEL: –Pero... yo... no crea que yo... Puedo quedarme aquí por mucho tiempo... todavía... (*Se empieza a sentir mal de verdad.*)

DIABLO: –No me mienta, no me mienta, Cálmese. (*Lo toma del brazo y lo consuela.*) Es evidente que se siente mal. Vamos a meter los pies en el agua. (*Salen tomados del brazo. Por el lado opuesto entran* ADÁN *y* EVA.)

Eva: –¡Por fin! Lindo, ha sido muy gentil de tu parte acompañarme en este paseíto hasta el manzano... Me fascinan esos carteles, simplemente me fascinan ¿Habías visto algo más exótico que un cartel? No hay otra cosa igual en toda la tierra.

Adán: –(*Leyendo*.) No comer manzanas. Se ruega no comer manzanas. No coma manzanas. Prohibido comer manzanas. Las manzanas hacen muy mal para la salud del cuerpo... ¿Qué manzana?

Eva: –(*Fascinada*.) Esa. Esa es una manzana.

Adán: –Ah.

Eva: –¡Ay! ¡Qué deseos de comer manzana!

Adán: –Siempre quieres cosas que no se pueden conseguir. ¿Te acuerdas cuando querías volar? ¿Y cuando querías guardar un rayo de sol para el invierno?

Eva: –Sí, sí, sí... pero ahora sólo quiero la manzana. Es cosa de subir esa escala y tomarla.

Adán: –(*Leyendo*.) Se ruega no comer manzanas.

Eva: –Me carga que me rueguen... (*Regalona*.) Quiero la manzana.

Adán: –Prohibido comer manzanas.

Eva: –Prohibido, prohibido. Me carga que me prohíban. Siempre he hecho lo que se me ocurre y ahora me prohíben comer manzanas.

Adán: –Acuérdate de lo que nos dijo Dios cuando nos regaló el Paraíso...

Eva: –A mí no me dijo nada, porque yo no estaba.

Adán: –Bueno, pero a mí me lo dijo: "Niño, si comes la manzana, te quito el Paraíso".

Eva: –Al que da y quita le sale una corcovita.

Adán: –No digas esas cosas. Dios es tan bueno. Nos juntó para que nos ayudáramos el uno al otro.

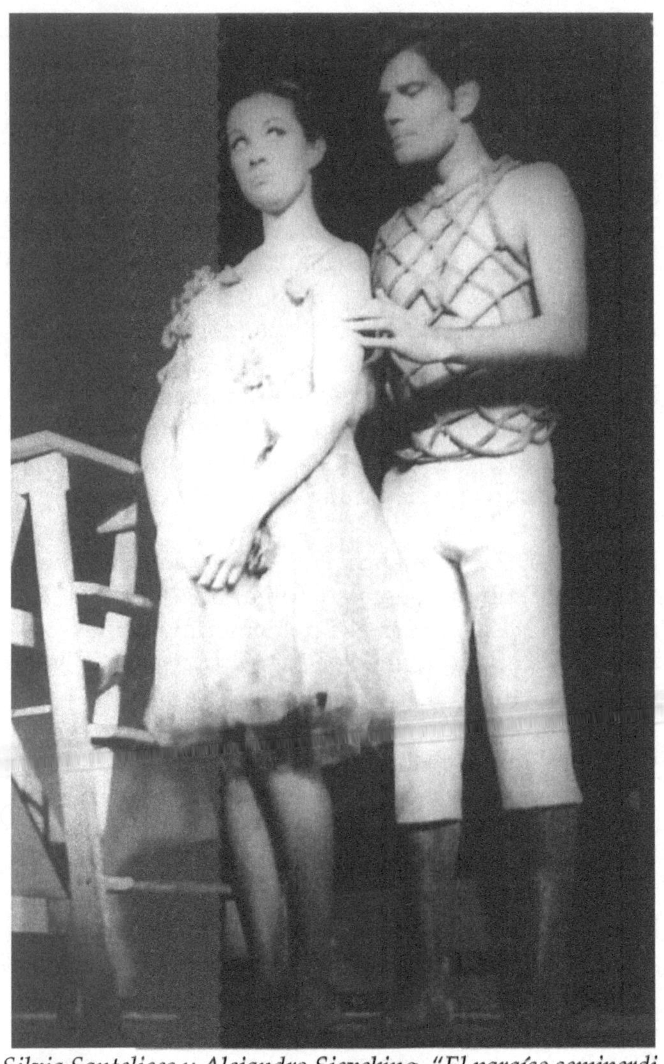

Silvia Santelices y Alejandro Sieveking. "El paraíso semiperdi-do". 1965. Teatro Municipal.

EVA: –Lindito, ayúdeme, entonces... Tráigamela.

ADÁN: –¿Por qué no comes peras, guindas... melones?

EVA: –Me revientan los melones.

ADÁN: –¿Para qué quieres manzanas? Hay una sola.

EVA: –Por eso mismo... Tráemela.

ADÁN: –No.

EVA: –(*Imperiosa.*) Tráemela.

ADÁN: –No

EVA: –(*Regalona.*) Tráemela.

ADÁN: –No.

EVA: –(*Impaciente.*) ¡Trá-e-me-la!

ADÁN: –No.

EVA: –(*Seductora, mojándose los labios.*)... Tráemela...

ADÁN: –(*La mira, va a hablar; mueve la cabeza, negándose.*) Nnn.

EVA: –¡Antipático!

ADÁN: –Bueno.

EVA: –No se puede discutir contigo. (*Está furiosa.*)

ADÁN: –Sí.

EVA: –Lo que pasa es que le tienes miedo a Dios.

ADÁN: –Lo respeto, que es muy distinto.

EVA: –No es cierto. Le tienes miedo. Haces fogatas y le cantas.

ADÁN: –También te canto a ti.

EVA: –Pero no me haces fogatas.

ADÁN: –¿Para qué quieres fogatas ahora? Es verano.

EVA: –¿Ves? No me quieres. Si me quisieras, me prenderías fogatas y me cantarías.

ADÁN: –Pero te doy uva y miel y todo lo que quieres.

EVA: –Quieres más a Dios que a mí. A mí nunca me has encendido fogatas.

ADÁN: –Bueno, bueno, yastá. Te encenderé una fogata inmediatamente.

EVA: –Ahora no quiero. Se te debía de haber ocurrido solo. No tiene gracia que lo hagas después de todo lo que te he rogado... Pero si me traes la manzana, te la recibo.

ADÁN: –Si la traigo ahora no tiene ninguna gracia. Se me debía de haber ocurrido solo.

EVA: –Si hubiera otro hombre en la tierra no serías así. Aprenderías a ser amable.

ADÁN: –Si hubiera otra mujer en la tierra tampoco serías así. Aprenderías a ser sensata.

EVA: –¿Quieres decir que no soy sensata? ¿Que soy tonta? ¿Que te molesto? (*Lloriquea.*) Pégame ahora. Es lo único que te falta. Todo porque soy débil e indefensa y no un bruto forzudo como otros que andan por ahí. Si quieres que me vaya, puedo irme... Me voy, ¡me voy donde mi mamá! (*Sale, y vuelve inmediatamente sin interrumpirse.* ADÁN *bosteza.*) ¡Ya verás cuando no esté y tengas que hacerte la comida y coserte la ropa! ¡Ya te quiero ver! Ni aunque me supliques volvería contigo... Crees que puedes andar solo por ahí y nadar y correr. Pero no te sueñes que voy a volver contigo. No tienes derecho a herir mis sentimientos... ¿Tú piensas de verdad que yo no soy sensata? (ADÁN *no contesta. Está dormido.*) A ver, repite que no soy sensata antes de irme para siempre. (*No hay respuesta.*) ¡Amor, estás arrepentido! No pensaba irme, era una broma. Eres tan comprensivo y tan fino y... ¡Se ha dormido el muy grosero!... No, grosero no... Duerme... Perdón, amor. Estoy mañosa, lo sé. Siento algo raro aquí, como si dentro de mí hubiera algo vivo, ¿qué será? Anoche soñé que en mi interior tenía un hombrecito como tú, pero chiquitito. Rubio, con tu misma sonrisa y tu misma manera de caminar.

¡Qué sueño raro! ¿Ah?... ¡Esa manzana! (*Se acerca y la mira.*) ¿Qué gusto tendrá? Parece una ciruela grande y espesa. (*Lee el cartel.*) Se ruega no comer manzanas. (*Por la derecha aparece el* DIABLO, *muy satisfecho de sí mismo, disfrazado de serpiente.*)

DIABLO: –¡Eva! ¡Qué gusto de verla!

EVA: –Una serpiente que habla. Es lo más raro que he visto en mi vida.

DIABLO: –Soy de una variedad nueva.

Eva: –¡Aah! ¿Cómo está usted? Pensé que no había en el mundo alguien con quien se pudiera hablar.

DIABLO: –¿Como? ¿Y Adán?

EVA: –Es distinto, con él converso.

DIABLO: –Perdone, pero parece que no le entendí muy bien, mire.

EVA: –¡Ay! Es que tengo tan poco trato social. Arrástrese hasta aquí y podremos hablar mejor. Realmente nunca había visto una variedad tan especial de serpiente como la suya. Tan desarrolladito, ¿no?

DIABLO: –Sí. Criado con una dieta especial de manzanas.

EVA: –¡No me diga!

DIABLO: –Sí. Aclara la inteligencia y las cuerdas vocales. Da movilidad a la lengua y despierta la imaginación. Hasta me permite adivinar lo que usted está pensando ahora.

EVA: –¿Qué estoy pensando?

DIABLO: –¡Que quiere comerse la manzana!

EVA: –Sí, exacto... Oiga, pero... ¿cómo? Esto es increíble.

DIABLO: –(*Modesto.*) No tanto.

EVA: –Por eso es que está prohibido comer manzanas, ¿ah? Ya me parecía que algo raro había en todo eso. Mire, no es por pelar, ¿no?, pero a mí eso de la prohibición de comer manzanas siempre me pareció

*José Pineda y Silvia Santelices. "El paraíso semiperdido". 1965.
Teatro Municipal.*

medio egoísta. Estoy segura de que Dios y el ángel
guardián se dan sus buenos atracones de manzanas
en las noches, cuando nadie los ve. Si una serpiente
habla, yo podré volar y quién sabe cuántas cosas
más. Y no sólo habla. ¡Hasta adivina el pensamiento!
DIABLO: –También adivino el futuro.
EVA: –¡Qué estupendo! A ver, a ver, adivíneme el futuro.
DIABLO: –(*Mirándole la mano*.) Por su mano puedo ver
    que usted, una persona sensible, agradable y sim-
    pática... ¿Pero qué es lo que veo aquí?
EVA: –¡Ay!, ¿qué será?
DIABLO: –Ah... Un viaje, veo un viaje.
EVA: –¿Lejos?
DIABLO: –Eso no lo veo.
EVA: –Casi se me olvida... ¿Le puedo hacer una pregun-
    tita? Fíjese que anoche tuve un sueño muy raro. Soñé
    que tenía un hombrecito chico aquí adentro.
DIABLO: –No me diga, ¡un hombrecito!... Claro... (*De-
    claración importante*.) Usted está esperando guagua.
EVA: –¿Qué es eso?
DIABLO: –¿Ha visto a los conejos tener conejitos?
EVA: –No, pero tengo una gata que tuvo gatitos.
DIABLO: –Es lo mismo.
EVA: –¿Sí? ¿Eso es lo que me va a pasar a mí?¿Cuántos
    gatitos voy a tener?
DIABLO: –No, no van a ser gatitos. Van a ser niñitos
    como Adán, pero más chiquititos.
EVA: –(*Emocionada*.) ¡Qué lindo! Como en el sueño. Y
    yo seré como una gran gata, cariñosa y dulce. Será
    como volar y tener un rayo de sol para el invierno.
    (*Tocándose el vientre dulcemente y repentinamente cam-
    biada*.) Esto es maravilloso, oiga... es... Está triste.
    ¿Por qué está triste?

*Silvia Santelices y Alejandro Sieveking. "El paraíso semiperdi-
do", 1965, Teatro Municipal.*

DIABLO: –Es que nunca podré tener serpientitas chicas...
Es la variedad, ¿sabe usted?

EVA: –A lo mejor la dieta de manzanas le impide tener
serpientitas.

DIABLO: –(*Recuperándose con brío.*) No, las manzanas
no tienen nada que ver con esto... es la variedad.
Las manzanas mejoran el cutis y aclaran al cabello.

EVA: –¡Qué maravilla! Siempre quise ser rubia y tener
bonito cutis. Quiero que Adán me quiera cada día
más. ¡Me quiere harto el pobre, pero de todos modos
quiero ser cada día más bonita.

DIABLO: –Y tiene efectos afrodisíacos. Si Adán come,
podrás tener una guagua por año.

EVA: –¿Y qué tiene que ver Adán con mi guagua?

DIABLO: –¡Claro que tiene qua ver! (*Le dice algo al oído.*)

EVA: –Entonces, ¿no es mía sola? Es mía y de Adán.

DIABLO: –Así es.

EVA: –(*Entusiasmada por la idea.*) ¡Qué bonito! ¿Ah? (*Se
ríe sola.*) Por eso es, pues. Ahora entiendo tantas cosas... (*Ríe.*) Por eso es que... (*Ríe.*) Claro, pues... (*Ríe.*)

DIABLO: –Usted me cae simpática, por eso quiero ayu-
darla a conseguir lo que tanto desea: convencer a
Adán para que le saque la manzana.

EVA: –Claro, no estaría mal, ¿verdad?... Pero, es que...
ya no me entusiasma tanto la idea, fíjese.

DIABLO: –(*Rápido.*) Es que usted no conoce todavía todas las cualidades de la manzana... ¿Ha visto algún
animal muerto, alguna vez?

EVA: –Claro, pescados y pollos, pero son para comér-
selos.

DIABLO: –Ahá, pero debe recordar que estuvieron vivos,
como usted o como Adán... y murieron. Ya no existen
más. Nadie sabrá que existieron alguna vez, están

borrados de la tierra para siempre.

EVA: –¡Ay! No sea exagerado. Eran pollos. No he visto en toda mi vida algo más ridículo que un pollo. Esa facha, esos ojos. (*Pone cara de pollo.*)

DIABLO: –Bueno, en realidad son medio ridículos los pobres, pero, ¿no ha visto otro animal muerto? Una paloma, un caracol, una hormiga?

EVA: –Una vez pisé una hormiga. Y quedó aplastada, sin moverse. Estuve un día entero mirándola y esperando que se moviera, pero se quedó ahí. (*Disculpándose.*) Es que las hormigas son tan chicas. ¡Una no puede estar mirando siempre el suelo para no pisarlas!

DIABLO: –No olvide que a ustedes les pasará lo mismo. Un día se quedarán sin moverse para siempre.

EVA: –(*Triste.*) Ahora que pienso en eso, todo se muere ¿verdad?, hasta las hojas de los árboles y las briznas de hierba. Las piedras se gastan y el agua se va. Adán se gastará con el tiempo y se irá lejos, como la hormiga negra, y yo esperaré a que mueva sus grandes manos y seguirá dormido hasta convertirse en polvo.

DIABLO: –El polvo sólo sirve para ensuciar los pies de los que pasan. La vida eterna es lo único que puede desearse...

EVA: –Sí, pero, ¿cómo hacerlo?

DIABLO: –(*Da un enorme suspiro de alivio.*) ¡¡Aaaaah!!! ¡Por fin llegamos al asunto!... Es facilísimo. ¡Cómanse la manzana!

EVA: –¿Sí, verdad? ¿También sirve para eso? ¡Qué estupendo! Pero, ¿cómo sacarla? La escalera es tan pesada.

DIABLO: –(*Activo.*) Adán puede moverla. Anda, despiértalo.

EVA: –De veras, eso voy a hacer. (*Mientras* EVA *remece a* ADÁN, *el* DIABLO *da vuelta los carteles. Al otro lado dicen: "Coman manzanas", "Manzanas y salud", "Sírvanse manzanas a toda hora", "Las manzanas son exquisitas", "Las manzanas dan salud".*) Lindo, despiértate. Despiértate que tenemos visita.

ADÁN: –(*Semidormido.*) ¿Ah?, ¿qué?, ¿dónde?... ¿Y ese bicho?

EVA: –Es una serpiente.

ADÁN: –Y bastante grande.

EVA: –Habla.

ADÁN: –Estoy hablando.

EVA: –No, digo que la serpiente habla.

ADÁN: –¿Ah, sí?... ¿Y qué más sabe hacer? ¿Sabe cocinar? ¿Sabe bailar? Me gustaría saber qué tienes dentro de la cabeza.

EVA: –Comió manzanas y habla. Además las manzanas aclaran el pelo, suavizan el cutis, te hacen vivir eternamente y te permiten adivinar el pensamiento. ¿No quieres saber qué tengo dentro da la cabeza? (*Cantadito.*) Come manzanas y lo sabráaas...

ADÁN: –¿Para qué más sirve? ¿Para aprender a volar?

EVA: –Hay que perdonar la ignorancia. Puedo probar lo que digo.

ADÁN: –Pruébalo. Pero no lo hagas gritar mucho. Tengo los oídos delicados.

EVA: –(*Al* DIABLO.) Hable... hable, pues... No me va a dejar en vergüenza, ahora.

ADÁN: –(*Burlón.*) Qué tono de voz tan bajo, ¿no? Es realmente bajo. Un poco más fuerte, por favor.

DIABLO: –Lo que pasa es que no se me ocurre nada.

EVA: –(*Mirando a* ADÁN, *que ha perdido el habla, con aire de superioridad.*) ¿Y? Habla, pues... (*Al* DIA-

BLO.) Ahora es él quien no puede hablar. Hable
más.

DIABLO: –Coma manzanas
       puras manzanas
       todas las tardes
       y en las mañanas.
       Con vitaminas
       y mucho sabor
       aumenta la fuerza
       y nos da valor...
       ¡Qué feo!, ¿no? No estoy en un buen día.

EVA: –No diga eso. Es exquisito. Ni el canto de los pájaros puede compararse.

ADÁN: –Habló.

EVA: –Claro, habló.

DIABLO: –(*Modesto.*) Sí, hablé.

ADÁN: –Entonces lo de la manzana es cierto. Se puede
adivinar el pensamiento; podría saber todo lo que
se te pasa por la cabeza.

EVA: –Todito.

ADÁN: –Pero, no, está prohibido. Los carteles... (*Por los
lados aparecen nuevos carteles: "Manzanas, esencia de
vida", "Manzana, néctar de los dioses", "Viva eternamente comiendo manzanas".*) Parece que ya no está
prohibido.

EVA: –Claro que no. Pon la escalera aquí y saca la manzana. Está que se cae de madura... ¿Ya, lindo? Por
favor, hazlo. (*Le da un beso.*) Sube y sácala.

ADÁN: –(*Mueve la escalera, se sube y se sienta arriba, mirando la manzana.*) ¡Qué pena, es la última!

EVA: –Con una basta, sácala.

ADÁN: –(*Mirando el paisaje.*) De aquí se ve el ángel
guardián. Está sentado junto al río con los pies en

el agua... Nunca me había fijado en lo raro que se ve el paisaje desde arriba... ¡Ay!, ¡hay un mamut en el campo de trigo!

DIABLO: –Apúrese, sáquela.

ADÁN: –Ya. Si la voy a sacar. ¿Para qué tanto apuro?

EVA: –Si no la sacas, la saco yo.

ADÁN: –Bueno. (*La saca, se oye un estrépito lejano, como truenos.*)

EVA: –Baja luego, que va a llover.

ADÁN: –(*Mira el cielo.*) No hay una sola nube. (*Mira la manzana.*) De cerca no se ve tan apetitosa.

DIABLO: –Bájese, bájese luego.

ADÁN: –(*Bajando.*) Allí viene el ángel, corriendo como loco.

EVA: –(*Toma la manzana.*) A ver... a ver... (*Le da un mordisco.*) Divina, ¡exquisita!... pruébala... (*El ÁNGEL entra corriendo.*)

ÁNGEL: –¡Alto! ¡Deténganse! ¿Qué hacen? ¡Dios mío!... ¡Ay!... ¡La manzana!

EVA: –¿Quiere? Mejora el cutis.

ÁNGEL: –(*Sentándose a llorar.*) ¿Qué va a ser de mí cuando llegue Dios? (*A* EVA.) ¡Y el castigo que le van a dar a usted por faltar a los reglamentos! No quiero ni estar presente.

ADÁN: –No se preocupe. ¿No ve que ya no está prohibido? Mire los carteles... (*A* EVA.) Déjame probarla (EVA *se la pasa.*)

ÁNGEL: –Los letreros. ¡Ese fue Satanás! Satanás, *vade retro.*

DIABLO: –(*Que no sabe una palabra de latín.*) ¿Ah?, ¿qué?... ¿Cómo dijo?

ÁNGEL: –¡Miserable! Has hecho pecar a estos inocentes.

DIABLO: –¿Inocentes? ¡Já! Están esperando guagua.

ÁNGEL: –(*Sorprendido.*) ¡No me diga!

DIABLO: –Lo que oye.

ÁNGEL: –(*Feliz.*) Pero, ¿será posible?

EVA: –(*Ruborizada.*) Sí. Es posible.

ÁNGEL: –Pero esto hay que celebrarlo, ¡venga un abrazo!

ADÁN: –¿De qué están hablando?

EVA: –Vamos a tener guagua.

ADÁN: –¿Qué es eso?

EVA: –¡Qué tierno!, ¿no? Me conmueve su ingenuidad. (*Todos lo miran sonrientes.* ADÁN, *nervioso, muerde la manzana.*)

ÁNGEL: –¡Desdichado! ¿Qué has hecho? Ahora sí que están fritos.

ADÁN: –¿Qué es eso que vamos a tener?

EVA: –¿Te acuerdas cuando la gata tuvo gatitos chicos? Yo voy a tener un Adancito chico. (ADÁN, *de pura impresión, muerde otra vez la manzana.*)

ÁNGEL: –No siga, hombre. ¡Ay, Dios mío! Esto es apocalíptico... Y tú, bestia sanguinaria, ¡retírate! Ya has hecho bastante daño. ¡Vuelve a las profundidades del Averno! ¡Y sumérgete en tu mar de fuego!

DIABLO: –(*A* EVA.) ¡Las cosas que dice!, ¿no? (*Al* ÁNGEL) ¿Dónde está el mar de fuego? Apenas hay cuatro llamitas y se ponen a decir y a hablar de mar de fuego y profundidades del Averno. Es para la risa... Pero le entendí la indirecta. Yo también tengo mi dignidad, ¿qué se cree?... Me voy.

EVA: –Adiós, señor Serpiento. (*El* DIABLO *sale muy dignamente.*) Qué bien habla, ¿no?

ÁNGEL: –Demasiado bien... Y no es un Serpiento, es Satanás.

EVA: –Entonces... nos comimos la manzana y no podíamos comerla...

ADÁN: –La embarramos. (*La lanza lejos. Se apaga casi toda*

la luz, excepto un foco que cae sobre los tres.)

ÁNGEL: –(*Angustiado.*) Y ahora... está oscureciendo.

ADÁN: –No es nada de raro.

ÁNGEL: –¿Por qué?

ADÁN: –Porque se está poniendo el sol.

ÁNGEL: –Y, sin embargo, es mediodía.

EVA: –No puede ser.

ÁNGEL: –¿Por qué no puede ser?

EVA: –Porque se está poniendo el sol.

ADÁN: –Eva... Eva...

EVA: –¿Sí?

ADÁN: –Algo viene en el aire. Como si la luna se acercara a la tierra y lo llenara todo de un extraño sonido.

EVA: –Es verdad... pero no importa. Estamos juntos.

ADÁN: –Eva... Hemos desobedecido a Dios. (*Por atrás aparece* DIOS, *sin que nadie lo vea.*)

EVA: –Dios es bueno y nos perdonará.

ADÁN: –No sé... no sé... (*Se toman de la mano y cierran los ojos, quedándose inmóviles. Se prende una luz justo sobre* DIOS *que está sentado en el último peldaño de la escalera.*)

ÁNGEL: –Ya está. Llegó... Ay, Dios mío, ¡qué desgracia! Quiero renunciar como ángel guardián, soy un fracaso. Ahora mis pobres, mis queridos niños han perdido el Paraíso por mi culpa.

DIOS: –(*Enojado.*) ¡Que uno no pueda moverse de aquí sin que cometan una barbaridad! ¡Tengo que estar en todas partes! Desde luego entró Satanás, tentó a Eva y Eva se comió la manzana.

ÁNGEL: –Yo tengo toda la culpa, Señor. No sólo tentó a Eva, sino que también me tentó a mí y me hizo meter los pies en el agua.

DIOS: –Es terrible tener que castigar a los niños, pero es el único medio de que aprendan. De modo que...

ÁNGEL: –Pobrecitos, perder el Paraíso para siempre (*Sube junto a* DIOS.) ¿Dónde están?

DIOS: –No hay tal Paraíso perdido. Están en el mismo lugar. Algún día abrirán los ojos y verán que todo es tan bello como antes. La luna, las nubes y los árboles. Todo estará en el mismo sitio, esperándolos. ¿Cómo puedes pensar que iba a fabricar todas estas maravillas para nada? ¿Que iba a ser tan tonto y tan cruel como para quitarles lo que estaba hecho para ellos? Los quiero mucho. Son ingenuos y vanidosos, débiles y fuertes al mismo tiempo. Me enternezco. No son muy perfectos que digamos, pero están hechos para ir mejorándose solos, con su propio esfuerzo. El Paraíso es de Adán y Eva. Ahora sólo tienen que buscalo. Y todo consiste en abrir los ojos...

ÁNGEL: –(*Algo aliviado.*) ¿Y si no los abren?

DIOS: –(*Sonríe.*) No... yo no los hice tan tontos. Mira. (*Los contemplan. Todas las luces se apagan, excepto el foco de* ADÁN *y* EVA, *quienes tomados de la mano, conversan con los ojos cerrados.*)

EVA: –Lindo...

ADÁN: –¿Sí?

EVA: –¿Te gustó la manzana?

ADÁN: –Prefiero las peras de agua.

EVA: –(*Sonríe.*) Yo también.

ADÁN: –¿Qué significa eso de que vamos a tener un Adancito chico?

EVA: –Es cierto. Lo tengo dentro de mí.

ADÁN: –¿Como la gata blanca?

EVA: –Como la gata blanca.

ADÁN: –Y... (*Ríe.*) y... el gato blanco tuvo que ver... en ... en eso, ¿verdad?

EVA: –Sí. Tuvo que ver. (*Abren los ojos y se miran.*)
ADÁN: –Hola.
EVA: –Hola.

FIN

Reparto por Obras

ÁNIMAS DE DÍA CLARO fue estrenada por el Instituto del Teatro de la Universidad de Chile (ITUCH) en el Teatro Antonio Varas, el 18 de mayo de 1962, con la dirección de Víctor Jara, escenografía de Guillermo Núñez y vestuario de Sergio Zapata, con el siguiente reparto:

INDALICIO	Tennyson Ferrada
NANO	Gonzalo Palta
BERTINA	Bélgica Castro
LUZMIRA	Carmen Bunster
FLORIDEMA	Marés González
ZELMIRA	Kerry Keller
ORFILIA	María Cánepa
EULOGIO	Lucho Barahona
OÑA VICENTA	María Valle

Esta obra ganó el Laurel de Oro en 1962.

PARECIDO A LA FELICIDAD fue estrenada por la Compañía de la Escuela de Teatro de la Universidad de Chile en el Teatro Lex, el 12 de septiembre de 1959, con la dirección de Víctor Jara, escenografía de Fernando Krahn y vestuario de Bruna Contreras, con el siguiente reparto:

OLGA	Miriam Benovich
HJALMAR, EL GRINGO	Alejandro Sieveking
REGINA	Bélgica Castro
VÍCTOR	Lucho Barahona

Esta obra ganó el Premio Municipal de Teatro en 1959. **EL PARAÍSO SEMIPERDIDO** fue estrenada en el

Teatro Talía, el 4 de febrero de 1958, con la dirección de Gustavo Meza, escenografía y vestuario de Mariano Díaz, y el siguiente reparto:

DIOS — Mariano Díaz
ÁNGEL — Fritz Stein
DIABLO — Ildemaro Mujica
EVA — Silvia Gutiérrez
ADÁN — León Telias